高校阅读与图书馆信息服务研究

赵丽琴　著

吉林人民出版社

图书在版编目 (CIP) 数据

高校阅读与图书馆信息服务研究 / 赵丽琴著 . -- 长春 : 吉林人民出版社 , 2022.8
ISBN 978-7-206-19070-4

Ⅰ . ①高… Ⅱ . ①赵… Ⅲ . ①院校图书馆 – 图书馆服务 – 研究 Ⅳ . ① G258.6

中国版本图书馆 CIP 数据核字 (2022) 第 169751 号

高校阅读与图书馆信息服务研究

GAOXIAO YUEDU YU TUSHUGUAN XINXI FUWU YANJIU

著　　者：赵丽琴
责任编辑：李　爽　　　　　　　　封面设计：夜　佳
吉林人民出版社出版 发行（长春市人民大街 7548 号）　邮政编码：130022
印　　刷：吉林省良原印业有限公司
开　　本：710mm×1000mm　　　　　1/16
印　　张：13　　　　　　　　　字　　数：230 千字
标准书号：ISBN 978-7-206-19070-4
版　　次：2022 年 8 月第 1 版　　　印　　次：2022 年 8 月第 1 次印刷
定　　价：58.00 元

前言

当下处于网络信息时代，"书籍"早已被广义化，阅读形式也呈现多样化趋势。尽管如此，无论科学技术如何发展，阅读的载体如何改变，阅读的基本价值却不会发生任何改变。因此，阅读应当始终是全体国民的一种信仰、一种追求。文化是大学的内在基因，阅读是提升国民素质的重要因素，国民素质的提高是中华民族昂首世界的基石。图书馆为广大学生提供各种读物，具有丰富的文献资源、充足的阅读场地和良好的阅读氛围，在阅读推广方面具有其他机构或组织无法比拟的优势。由于图书馆具有开展社会教育和开发智力资源的职能，做好阅读推广活动是高校图书馆义不容辞的责任。高校图书馆理应担负起开展阅读推广活动的工作。阅读关系到一个民族的兴衰和进步，开展全民阅读已逐渐成为我国一项公共文化政策。

随着时代的变迁，新型的数字阅读环境越来越普及，如何更加直接、有效地介入校园阅读，引导思维活跃、兴趣广泛的大学生爱上阅读；如何建设书香校园，让图书馆成为阅读推广的主阵地，已经成为高校图书馆阅读推广的重要使命。图书馆在人类文明的传承中发挥着极其重要的作用。在新媒体环境下，读者的阅读需求，以及在阅读过程中读者所使用的工具等均有了较大转变，相应地，读者的阅读方法也有所改变。高校图书馆应进一步强化自身管理，提高阅读服务水平，通过不断创新服务模式，确保阅读推广服务能够取得更为理想的效果。

《普通高等学校图书馆规程》中明确指出："高等学校图书馆是学校的文献情报中心，是为教学和科研服务的学术性机构。"在科学技术日新月异的情况下，力争站在各类型图书馆发展前沿的高校图书馆的使命可以解读为：为师生、员工、研究团体等持续提供易用的、可信赖的信息环境以保障信息的存取和传递，为教学和科研提供相关的文献、服务和指导。

随着移动互联网的不断发展，社会已经进入了大数据时代。在海量数据的包围下，人们获取与发布信息更加方便、快捷。但是从另一方面来讲，由于信息呈现爆炸式的增长，人们在众多的信息中获取自己所需的信息变得较为困难，通常人们会花费一定的时间和精力才能真正获取自己所需的信息。而高校图书馆作为高等院校中一个不可或缺的组成部分，其在为师生提供有效信息方面具有十分重要的作用。本书属于高校图书馆方面的研究著作，包含了当代高校图书馆阅读服务、高校图书馆阅读文化建设与阅读服务机制、高校图书馆信息服务与职能定位、大数据时代下高校图书馆信息服务变革、新形势下高校图书馆信息服务的发展与创新途径等方面的内容，对高校阅读与高校图书馆的信息服务进行了分析和研究，具有一定的理论和实践意义。本书对高校图书馆方面工作的从业者和与之相关的研究者具有一定的学习和参考价值。

目 录

第一章　当代高校图书馆阅读服务

第一节　高校图书馆阅读服务现状与创新策略

以网络和智能手机为代表的新媒体以其开放、即时、多元、互动的全新的阅读体验，使得基于新媒体的数字化阅读在大学生的阅读活动中占据越来越重要的地位。新媒体时代，大学生阅读方式呈现多样化的特点。纸质图书阅读与网络阅读、文字阅读与视听阅读并行又互相结合的阅读方式对图书馆的阅读服务提出新要求。高校图书馆最基本的功能就是为师生提供阅读服务。现代社会科学技术不断进步，人们的阅读方式正在逐渐改变，因此高校图书馆需要不断创新，不断改进阅读服务。

一、高校图书馆阅读服务现状

大学生有多种获取信息的渠道，阅读方式趋于多样化，致使图书馆资源利用率不断降低。因此，高校图书馆应该结合社会需求，在图书馆阅读服务中引入现代化技术。创新高校图书馆阅读服务策略需要结合具体情况，从多方面入手提高阅读服务质量，下面以此为切入点展开相关论述。

（一）高校图书馆数字阅读服务现状

在数字化教育全面实施的今天，对于高校来说，高校图书馆在教育过程中扮演着非常重要的角色。高校图书馆不仅为学校师生提供了丰富的智力资源，还可以为他们提供一个合理的知识获取平台，对师生之间的文化交流起到非常重要的作用，有利于高校师生的发展。随着科学技术的不断进步，高校图书馆越来越受到人们的重视。同时，数字化阅读的形式也受到人们的青睐，为高校师生的阅读和学习打下了坚实的基础。① 当然，现有的数字阅读技术还处于一个刚刚发展的阶段，还有较长的路要走。

1. 高校图书馆数字阅读服务现状分析

（1）高校图书馆竞相使用数字阅读平台。21世纪，高校图书馆逐渐适应了当前网络技术的发展趋势，越来越重视移动图书馆的建设，并在数字平台建设中付诸行动，引入了多种信息传播渠道，如QQ、微信等。高校图书馆数字化服务功能初步完善，相关平台提供了多样化的服务模式，满足了不同用户的需求。在网络技术的帮助下，许多高校都在尝试建立虚拟图书阅读社区。通过提供的知识资源和服务项目，相关用户可以在这个地方找到他们真正需要的东西。

（2）高校更加重视数字资源库的建设。目前已经有越来越多的高校开始重视数字资源库的建设。除了原有的图书资源，许多高校开始结合现阶段数字技术的发展，从数字阅读模式的角度，根据相应的要求，积极收集多种电子图书和电子信息，建立了一个比较完善、覆盖范围广的数字信息资源库。这个数据库涵盖了各种各样的数据和期刊，实际的比例已经超过了论文的比例。调查研究显示，近5年来，电子信息采购成本呈上升趋势。未来，预计纸质版和电子版的资源将继续增长。

（3）高校数字化阅读服务趋于完善。数字资源库的逐步完善，使高校师生可以更方便地查阅和分析图书信息，满足自己的需求，从而获得更好的服务体验。在不断提供数字阅读服务的过程中，许多高校开始了新的研究和探索。例如，有些高校已经建立了数字图书馆。通过逐步完善App服务软件，充分展示移动互联网的优势，满足更加便捷地通信的实际需求。随着数字阅读服务的有效推广，许多高校也开始建立虚拟社区平台，借助这些平台的优势，推出了好书点评、好文章推荐等多种阅

---

① 曹红院.论高校图书馆手机阅读服务[J].内蒙古科技与经济，2018，（22）：50-51.

读服务，实现了有效、灵活的互动交流模式，让越来越多的人感受到阅读的乐趣。

（4）提高了电子数据文献的查阅量。高校为学生提供了一个学习知识的场所，也为专家学者的研究提供了便利。通过建立数字图书馆，大力推广数字阅读模式，电子图书文献的查询量大大增加，相应地，学生的阅读需求也大幅增加。调查研究显示，高校师生对数字阅读服务的重视程度更高，也更习惯于使用这种便捷的阅读模式。就搜索内容和下载内容而言，中文版本科学类论文信息查询量最大，其次是中文电子图书和外文电子图书。目前，在微博、微信的帮助下，越来越多的人开始关注重点高校的阅读服务。

2.高校图书馆数字化阅读服务的改进方向

（1）积极关注需要改进的方面。数字阅读服务在现阶段要实现良好的发展，更好地实践多元化的服务模式，需要在时代背景下不断进步，遵循相关技术的发展趋势，了解数字阅读服务的需求，以及对图书、文献等的多样化需求，优化数字阅读服务，促进高校图书馆的建设。

（2）适当扩大用户年龄层次。目前，高校图书馆数字化阅读服务的焦点群体存在一定的局限性，尤其是在校园和社会层面。因此，有必要拓展阅读群体的年龄层次，倡导多元化的服务模式建设，以满足不同年龄群体的需求。目前，高校图书馆的用户群体趋于年轻化。高校图书馆的阅读内容和阅读方式面临着多样化的需求，应为不同年龄段群体提供不同的阅读服务。此外，还应考虑改变社会人员的结构，将服务范围进一步扩大，确保数字阅读能够促进全民阅读。

（3）积极更新数字阅读服务技术模式。数字化阅读服务技术模式的更新是必然趋势。随着移动互联网逐渐渗透到生活的各个方面，数字阅读也成功地进入了公众视野。在互联网的大趋势下，每个人的生活和工作方式都发生了变化，因此有必要积极拓展数字阅读服务领域，建立一个更强大、更稳定的技术平台。在移动互联网的帮助下，数字阅读技术可以渗透到人们的生活中。通过集成的数字阅读模式，人们可以随时随地用手机阅读。大学生使用手机的频率越来越高，高校图书馆可以适当结合智能互联网技术，利用云计算等大数据平台，为其提供高质量的阅读服务。此外，还需要稳步提高数字阅读的智能化服务水平，因为不同层次的人群对知识获取和信息的需求是不一样的。要大力推广数字阅读，注重多种技术支持，逐步整合网络资源和信息，使用户的查询和使用更加方便，满足其检索需要。高校也应该利用一些新兴的技术，使图书馆真正实现数字化和智能化。如全息投影 3D 技术，它可以使书本中的知识从二维变成三维，从而更好地满足读者的阅读体验。在高科技的影响下，高校图书馆可以实现对阅读的有效支持和帮助。

现阶段，高校图书馆的数字阅读服务受到了广泛关注，并取得了相对良性的发展。数字技术的逐步融入，不仅改变了人们的阅读习惯，拓宽了人们获取和学习知识的领域，还对未来的生活产生了深远的影响。高校图书馆应积极利用资源优势，合理利用高科技手段，构建数字阅读服务平台，使用户在各个阶段都能获得良好的服务体验。这种双向影响使得高校图书馆的服务更加方便，也满足了不同层次用户的需求。同时它还为提高高校阅读服务水平创造了优质条件，使其能够得到更长远的发展。

（二）高校图书馆移动阅读服务现状

1.高校图书馆的移动阅读服务

高校图书馆的移动阅读服务是高校图书馆服务的延伸。图书馆以丰富的馆藏资源为基础，以移动阅读终端平台为基础，为读者提供高质量的移动阅读资源，引导其阅读行为，激发读者的阅读热情，培养其健康的阅读习惯，使移动阅读成为提高读者综合素养的强大动力。

2.当代高校图书馆移动阅读服务的特点

（1）学术移动阅读内容。高校图书馆移动阅读的服务对象主要是教师和学生，服务宗旨是帮助高校进行教学科研，帮助学生建立系统的学术体系，提高学生的学术能力和综合素质。因此，高校图书馆在选择移动阅读内容时，应着眼于各层次的学科和专业资源，整合馆藏数字资源，注重阅读内容的学术性，引导读者从"浅读"走向"深读"。

（2）移动阅读服务方式多样化。高校图书馆开展移动阅读，引导读者从时尚阅读走向学术研究，其服务手段十分重要。首先，高校图书馆应开展多渠道的移动阅读宣传推广，如印刷海报，开展读者培训，以有奖竞赛形式引导师生关注移动阅读知识，在图书馆各处放置二维码，等等。其次，高校图书馆可以通过开展"真人图书馆""名人论坛"、有奖征文大赛、演讲或辩论赛等多种形式的读者活动，培养移动读书群体。活动以移动阅读为主题，体现移动阅读的理念和定位，吸引读者的关注。最后，高校图书馆还可以开展基于移动阅读的服务项目，吸引读者参与到移动阅读中来。例如，读者可以在移动阅读平台上推荐书刊，高校图书馆可以根据推荐信息进行文献采购，这不仅满足了读者的个性化文献需求，同时也掌握了读者的阅读趋势，提高了文献采购质量。

（3）移动阅读的效果是可持续的。移动阅读服务应是高校图书馆的一项长期工作，图书馆应通过多种方式加强移动阅读服务的效果。读者成为图书馆的移动阅读用户后，其影响是长期的、可持续的，即使在他们离开学校后，在高校图书馆培养的阅读习惯仍然会影响他们的成长，使他们受益终身。

3. 高校图书馆移动阅读服务实现全民化

（1）移动阅读服务对象在全国范围内普及。高校图书馆传统的阅读服务受到物理空间和资源的限制，只能为校园内的读者服务。而移动阅读服务的发展突破了这一局限，为高校图书馆服务于全民阅读奠定了基础。例如，Superstar 的 Goethe 电子书借阅机是为高校图书馆量身定制的，它允许注册的读者从图书馆下载电子资源，无论其位置或 IP 地址是在何处，只要注册的读者通过身份验证即可下载电子资源。将高校图书馆的服务对象扩大到全民，是高校图书馆推进全民阅读工程的第一步。移动阅读平台的出现，打破了传统图书馆空间和资源的限制，使社会公众有了平等获取阅读资源的可能性。随着移动平台技术的快速发展和移动阅读资源的日益丰富，高校图书馆最终将向公众开放，实现阅读权利的平等。

（2）移动阅读服务内容要适应大众。高校图书馆主要面向大学师生，提供的移动阅读有很强的学术性，大部分的内容不适合公众阅读。如果将这些内容完全不加区分地推向大众，不仅使适合他们阅读的内容湮灭，也会在资源利用上造成浪费。因此，高校图书馆必须解决阅读内容分级问题。高校图书馆应根据读者的阅读能力对读者进行分类，可分为研究、学习和求知三种类型。研究型读者具有一定的学术研究能力，主要包括高校教师、研究生和科研机构的研究人员等。这些读者对图书馆文献资源的深度、广度和准确性有较高的要求，是高校图书馆国内外数据库和各类学术资源的主要用户。学习型读者主要包括大学生和社会上有学习需求的读者。他们阅读的主要目的是完善自己的知识体系，提高自己的能力。他们是高校图书馆读者中所占比例最大，具有最广泛的文献需求。求知型读者是指满足自己兴趣爱好的读者，他们的阅读大多是为了娱乐和消遣。此外，高校图书馆还应该提供适合特殊类型读者的文献，如儿童、老人、残疾人等。

高校图书馆对读者类型进行分类后，可以根据不同类型读者的需求，在移动阅读平台上将阅读内容分类，方便读者进行选择性阅读。阅读内容分类不是为了限制读者的阅读权限，而是为了节省读者的时间，提高阅读和检索的效率，消除读者使用图书馆资源的技术和心理障碍。

（3）移动阅读服务向全民延伸。移动阅读出现后，高校图书馆的服务模式也发生了变化。例如，移动图书馆客户端为读者提供的 WAP 推送服务、短信通知服务、预约和逾期提醒服务，都是高校图书馆传统服务模式在移动阅读终端上的延续和拓展，其服务更加便捷。电子书借阅机也是高校图书馆面向高校移动阅读服务的一种手段。社会读者可以通过电子图书借阅机借阅高校图书馆的一些电子资源。基于公共平台的移动阅读服务是高校图书馆真正将服务延伸到全民的途径。例如，高校图书馆的微信和微博平台对阅读群体没有身份限制，校内外的读者都可以关注。高校图书馆在微博、微信平台上推送的"经典阅读指南""新书推荐""美文鉴赏"等各类移动阅读服务，都可以被校外读者看到并进行互动。高校图书馆的资源和服务通过移动阅读平台使更多人受益，在全民阅读推广中发挥着越来越重要的作用。

4.移动阅读服务效果追求全民化

高校图书馆开展移动阅读服务的目的是吸引更多的校内外读者进入阅读的世界，更方便地为读者提供阅读资源，更及时地满足读者的阅读需求，使阅读更加普及。移动阅读本身就具有民族性，已成为人们的主要阅读方式。高校图书馆要实现移动阅读普及服务的效果，一方面，要积极发挥移动阅读的优势，注重精髓提炼，使移动服务资源、服务形式更加多样，服务界面更加亲切，吸引各个年龄段的读者，并积极关注知识层和不同专业读者的移动阅读需求；另一方面，高校图书馆应秉持开放服务的理念，尽可能实现阅读资源的平等获取，消除学校读者与社会读者在资源获取上的差异，最终达到为全民服务的目的。

移动阅读时代的到来大大加快了全民阅读的进程，越来越多的人成了移动阅读的受益者。肩负着阅读推广重任的高校图书馆应借此机会，利用好移动阅读平台，向全民开放，在全民阅读推广活动中发挥积极作用。

二、高校图书馆阅读服务的创新策略

（一）影响高校图书馆阅读服务的因素

1.馆藏因素

读者的阅读兴趣直接受到图书馆馆藏质量的影响。目前，高校图书馆的采购预算通常是由部门和部门的权重来决定的，专业图书的采购优先。大部分的财政资源都倾向于数字化，这不利于读者喜欢的畅销书或其他文化书籍的采购。此外，高校教研人员知识结构的不完善导致了图书推荐重点的错误，影响了阅读率。而且缺乏完善的馆藏绩效评价机制，也导致图书馆存在大量的"死书"，直接影响阅读率。

2.推广活动因素

高校图书馆的阅读推广活动种类繁多，但受各种因素的影响，阅读推广活动的效果并不理想。在开展推广活动时，需要统筹各方面的人力物力，但资金和资源有限，活动效果往往达不到预期目标。此外，推广活动的效果也因读者的喜好而异。如何构建适合广大读者的推广活动就成了一个难题。

3.其他因素

高校图书馆作为典型的知识服务组织，受到外部因素的制约。目前，高校公共课不断增多，大大压缩了大学生的空闲时间。随着电脑和移动平台的不断普及，高校图书馆的受众正在减少，许多学生沉迷于网络和游戏。在考研、考试、就业等因素的影响下，部分大学生到图书馆不再是为了读书，而是自学，高校图书馆也在不断流失读者。

（二）高校图书馆阅读服务的创新策略

1.培养读者的阅读意识

随着新媒体技术的发展，人们获取信息资源的方式和数量都发生了巨大的变化，信息社会对人们接收和处理信息的能力提出了严峻的挑战。信息和知识的获取与积累离不开大量的阅读。阅读作为一种自我提高的方式，对读者各方面素质的培养和创新能力的培养具有重要作用。要使"阅读作为一种生活新常态"贯穿于大学生的一生，需要图书馆工作人员的不懈引导和有效服务措施。图书馆馆员应充分发挥图书馆的教育职能，利用丰富的引导阅读经验，采取适当的引导和推荐方式，培养读者的阅读兴趣，使读者重视阅读，养成良好的阅读习惯。例如，开设阅读指导课程，积极利用新媒体技术为大学生提供所需的阅读资源、阅读方法和技能指导信息，丰富大学生的阅读体验，提高阅读效率；加强图书馆软硬件建设，充分利用现有技术条件和自身优势，通过手机短信、微信等方式传递阅读资源信息，使读者能够轻松获得所需的阅读资源，并根据读者的需要及时补充新的资源；努力将课外阅读计划与课堂教学内容相结合，让教师参与图书馆的阅读指导工作；积极开展各类阅读活动，建设"书香校园"，激发读者的阅读热情。

2.高校图书馆环境建设

高校图书馆一直非常重视外部环境的建设，从图书馆建筑的外观设计、周边环境的布置，到室内装修、采光通风等，都以读者的舒适和满意为目的。实际上，图书馆完善的内部服务功能可以营造良好的阅读氛围，更有利于吸引大学生积极开展阅读活动，分享阅读的乐趣。

3.丰富馆藏类型，提高馆藏质量

图书馆图书的数量和质量直接影响着读者的阅读兴趣。高校图书馆创新阅读服务的主要措施是提高图书质量。高校图书馆在选择图书资源时，应及时更新各类专业图书，确保学生能够查询到最新的研究成果。高校图书馆可以通过问卷调查和畅销书排行榜等方式了解学生喜欢的图书类型，从而增加相关图书的数量，提高图书资源的搜索频率。高校图书馆还可以实现馆藏资源的电子化，使学生可以直接通过网络查询所需的资料。

4.营造阅读氛围，提高高校图书馆服务质量

高校图书馆在读者服务中容易忽视服务质量，大多数高校都没有重视这方面的问题。因此，除了必要的查询，学生很少去图书馆阅读。在图书馆建设过程中，图书馆馆员应购买学生喜欢阅读的图书，以加强与学生的联系，了解学生的想法，从而创新高校图书馆管理工作。一些大学图书馆的资源只对一些特定人员开放，所以大多数学生无法享受这些资源。高校图书馆应保障学生平等的阅读权利，实现阅读资源的公平。此外，高校图书馆开放时间应适当提前，关闭时间应当推迟，以延长学生阅读时间。

5.改变阅读方式，增加高校图书馆电子资源

电脑和智能手机直接改变了人们的阅读方式，绝大多数大学生采用的是电子阅读方式。高校图书馆不应盲目购买电子书资源，而应评估资源的质量，判断其是否满足师生的阅读需求和偏好。高校图书馆在增加图书馆电子资源的同时也要保证资源的质量，从而使学生能够享受到优质的电子图书资源，提高图书馆资源的利用率。此外，高校图书馆要加强对电子图书资源的宣传和推广。高校图书馆应建立电子图书资源库，并向学生宣传。

6.建立移动图书馆终端，搭建双方互动平台

新媒体的兴起不断丰富着学生的交流方式，如今智能手机在每个人的生活中扮演着重要的角色。在此背景下，高校图书馆出现了一种新的读者服务模式——移动图书馆。高校图书馆应结合现代科技，不断创新移动图书馆技术，建立一个全新的移动图书馆终端，学生通过软件就能实现图书信息查询和借阅，这不仅能满足各种服务需求，还能提高借阅效率。此外，高校图书馆可以利用微信和微博平台，创新服务模式，促进读者服务质量的提高，如定期发布图书信息，建立读者群体等。

7.积极建设交流空间

大学生一起阅读和学习，相互交流，通常能获得更多的灵感和知识。高校图书馆应利用自身的环境、设备、人力、资源为学生的阅读活动提供交流平台，让读者在这里与朋友、同学、专业教师讨论阅读内容。如交流好书，使读者较容易地获得阅读材料，并就阅读中的实际问题及时转问他人。在联合阅读活动中就兴趣问题和想法交流阅读收获、体会，相互促进，共同提高，从而激发他们的阅读兴趣。

8.促进阅读服务的可持续发展

阅读是一个长期的过程，只有建立长期的阅读推广机制，才能保证阅读服务的持续发展，并取得满意的效果。在这方面，高校图书馆可以借鉴国内外一些高校的做法。例如，中国中原理工大学图书馆开展各种阅读活动，开设"阅读科学"课程，促进阅读文化建设；国外大学的毕业资格阅读认证要求学生在毕业前完成规定的阅读量，或参加阅读活动达到规定的分数，并通过阅读认证评估考试获得认证和相应的学分。为了促进高校图书馆阅读服务的可持续发展，需要从制度建设、组织管理、资金筹集、活动安排等方面进行安排，以确保阅读服务的先进性。

在新时期，高校图书馆要提高读者服务质量，不仅要提高图书的质量和数量，还要提高图书馆馆员的专业水平和素质，以及服务质量。只有多角度开展工作，高校图书馆的读者服务质量才能不断提高，高校图书馆的竞争力和影响力才能进一步增强。

第二节　新媒体背景下图书馆阅读服务的应用

在当今社会，信息呈指数级增长，这既给公众带来了便利，也给公众获取信息带来了不便。如何快速准确地定位所需资源是用户寻求信息服务帮助的主要动机。图书馆要想在众多的服务组织中发挥优势，就必须不断用合适的新技术、新理念武装自己。

新媒体是时代的产物，给整个社会带来了巨大的变化。在国家大力倡导社会阅读的背景下，图书馆应以敏锐的触觉抓住这一新变化，利用自身优势完善图书馆阅读服务流程，从而提升图书馆核心竞争力。

一、图书馆阅读服务应用新媒体的理论分析

新媒体的飞速发展，给图书馆带来挑战的同时更带来了机遇。核心竞争力的加强、服务内容的扩展创新、用户心理地位的提升等都离不开新媒体各种技术手段的综合与应用。从微观的阅读服务层面来讲，服务内容的深化与扩展更离不开新媒体技术的推动。

随着信息社会的发展，大众与新媒体的接触越来越频繁，用户对新媒体的感性认识越来越深刻。关于新媒体的分类及形式学界的看法很不

一致，但本质的认识都是相同的。[①] 本书力图从全面的角度去揭示新媒体的主要形式，现将新媒体大体概括为以下三种类型，但这并不是科学上的界限明确的划分，而是每种类型都存在着与其他类型在技术或是理论上的融合。

1. 网络新媒体，是指某些组织或个人在信息传播过程中，通过网络平台提供各种信息服务而建立的网站传播形式。典型的网络媒体包括搜索引擎、博客、播客、维基和各种实时通信软件。

2. 移动新媒体，是一种越来越普遍的媒体形式，这使得网络媒体具有更强的时空性和普及性。行人、高速行驶的汽车等都是无线移动媒体播放的广阔空间。典型的移动新媒体包括手机媒体和一系列具有信息传递功能的媒体、移动电视等。

3. 数字新媒体，更注重数字技术的应用，传播的主动性较弱，这主要是因为用户自主选择需要的信息，它能提供更加个性化的服务。典型的数字媒体包括阅读器、Kindle、iPad 等。

（一）图书馆阅读服务应用新媒体的必要性及优势

阅读是人类获取和传递信息的基本方式，是人类特有的一种活动。阅读使人类文明得以传承，新知识得以激发，最终促成了今天科学技术的高度发达和生活水平的迅速提高。图书馆作为传播文明的服务机构，无论是在传统时代还是在信息时代，都是充分展示和发扬阅读活动的舞台。阅读服务一直是图书馆服务的核心。随着国家对文化事业关注度的提高，图书馆阅读服务应逐步顺应时代的要求，不断提高服务质量，改进服务方式，成为阅读活动的主要阵地。

1. 图书馆阅读服务中运用新媒体的必要性

图书馆在民族文化产业链中起着举足轻重的作用。信息时代文化事业的发展，促进了国家综合实力的提升和社会的进步。目前，文化部门正在积极协调相关部门，进一步完善文化产业发展的政策。图书馆应抓住这一机遇，在国家的支持下，不断完善阅读服务，提高服务质量，提升图书馆在公众心中的地位。

同时，图书馆还应注意新媒体技术下图书馆阅读服务中存在的一些

---

① 毛华荣.高校图书馆移动阅读服务推送研究 [J].才智，2018（13）：142.

常见问题，如图书馆资源缺乏、阅读服务平台单一、基础设施建设和数字资源建设的重复，图书馆服务发展不平衡，服务模式创新不足，系统间缺乏协同建设和互联互通，等等。因此，图书馆迫切需要引入新媒体，从新的技术角度来解决这些问题。

2.新媒体在阅读服务中的优势

新媒体是信息时代的产物，它提高了信息传播和沟通的质量和效率，从用户的角度进行服务。新媒体按照新时期图书馆服务的概念，有效解决了信息接收的低效和不对称等问题，使阅读内容、形式越来越具多样性。阅读群体的焦点、阅读受众的扁平化和阅读效率的竞争，是新媒体给阅读服务带来的优势和动力。由此可见，深度的新媒体图书馆阅读服务迫在眉睫。

（二）新媒体在图书馆服务应用中的不足

在图书馆阅读服务和发展空间中新媒体具有无可比拟的优势，但由于新媒体在各个领域中都处于初步发展阶段，可以借鉴的理论和技术经验并不充足，因此，新媒体在图书馆阅读服务中的应用也存在一些弊端。

1.新媒体引进概念落后

进入信息时代，图书馆知识服务理念和服务方法也应该改变和更新。但由于机构的性质、员工的传统观念的影响，在图书馆中充分利用新媒体仍有很多问题。如今，图书馆的服务理念已经从注重馆藏转变为以用户服务为中心，单一、孤立的图书馆已经不适应时代发展的需要。利用新媒体平台开展服务是图书馆发展的大趋势，是图书馆提升综合实力和行业竞争力的显著优势。

2.缺乏系统、全面的应用

从新媒体应用的现状可以看出，一些图书馆开展了基于新媒体技术的各种服务，得到了用户的认可和好评。然而，从宏观上看，新媒体的应用与图书馆服务还没有达到有机结合，刚性和容忍度仍然很高，服务重点也出现了偏差。图书馆的服务工作应该以图书馆的理念为中心，新媒体的应用也应该在一定程度的理论整合的基础上进行，做到系统、全面地应用，而不是没有理论指导的随机嵌入。

3.先进的技术和实用的壁垒

技术成熟和市场应用需要一定的过渡时间，图书馆新媒体服务的应用还有许多技术问题，额外成本也较高，一些服务的推广较为困难，这些都使得人们在使用先进技术的初期遇到障碍。因此，图书馆在前期规划时应做好新媒体技术的准备，确保新服务模式的顺利开展。

二、基于图书馆阅读服务链的新媒体应用分析

（一）图书馆阅读服务链概述

从宏观上看，阅读服务在图书馆的整体运营中起着主导作用，有效组织和开展阅读服务是提高图书馆社会地位的关键。阅读服务不是单一的服务内容或简单的形式结构，而是一个内外分布着各种战略环节和多维度竞争要素的连续有机体。因此，有必要运用服务链管理的理念来协调阅读服务，提高图书馆的整体竞争力。

图书馆阅读服务链建设应以用户为中心。图书馆阅读服务链在综合提取各项服务内容的基础上，对战略环节进行总结，将每个战略环节作为一个研究单元进行分析和转化，不断分解服务环节，细化整体，最终实现综合实力的提升。图书馆阅读服务链的深度分析可以从三个层面展开：以用户为中心的理念引导层、各战略环节的封装层、各环节的精细化服务层。在引导层的宏观协调下，图书馆阅读服务链将具体的服务内容封装在关键的战略环节，通过具体服务的转型和有机整合，增强各个环节的整体灵活性和适用性。值得注意的是，这个阅读服务链不仅依赖于图书馆内部信息的运行，还需要相关机构和全社会外部信息的输入和运行。因此，在实践中，服务链是两个平行的内部信息流和外部信息流的综合。

在图书馆阅读服务链体系中，中间层的整合和管理尤为重要，它是思想指导和实际服务之间的关键环节。只有提高理论研究水平和技术应用水平，才能从根本上提升整个图书馆阅读服务链系统的综合实力和竞争力。鉴于此，在理论研究的基础上，深入分析新媒体技术应用于图书馆阅读服务链系统的需求和优势，对实际的图书馆阅读服务具有一定的理论指导意义。

（二）用户阅读需求挖掘与提取环节及新媒体应用分析

1.用户需求挖掘与提取环节概述

阅读需求是人们为了解决工作和生活中的实际问题而对信息的渴求。它是图书馆一切服务的起点。对这一环节的研究和合理协调，可以提高图书馆服务的针对性，这是阅读内容推送环节的前提。

用户阅读需求的提取不是简单的机械操作，而是根据特定的需求层次对提取过程进行安排。阅读需求按认知程度可分为表达性信息需求、意识性信息需求和潜在信息需求。表达性信息需求，是指用户在接受服务时，能够明确提出要查询的信息范围和内容，只需要图书馆提供相关的查询服务。意识性信息需求是指用户能够知晓自己的实际信息需求，但不能准确地表达和描述。这种信息需求要求图书馆开展一定的通信服务来捕捉用户的需求。潜在信息需求是用户不自觉的需求。用户的需求受信息素养、信息环境等主客观因素的影响。用户对某些信息的需求是不自觉的，虽然表现为用户感到知识的匮乏，但不知道应该通过什么方式获取什么样的信息，当图书馆提供一定的指导或启发时，会使用户立即产生强烈的好奇心和惊喜感。

这三种信息需求是密切相关的，在一定的外力作用下可以相互转化。例如，在适当的引导下，潜在的信息需求可以转化为意识性信息需求，甚至是表达需求。同时，每个用户都有三种需求，但它们占不同的部分。在这三种需求中，潜在信息需求是图书馆应延伸的服务立场，这一需求层次的用户是最需要图书馆提供相关服务的人群。但目前为止，很少有图书馆提供这项服务。

2.新媒体应用需求分析

传统图书馆很容易提取信息需求，甚至可以通过计算机的一些操作直接为用户提供这种需求服务。然而，随着信息社会的发展，用户对这种需求的表达产生了跨越时空的要求。他们希望只要有明确的信息需求，就能享受到随时随地的服务。这就需要相应的技术能够随时随地提取用户的需求信息。新媒体的时空性和互动性正好契合了这一趋势。

与表达性信息需求相比，意识性信息需求难以提取。用户有对信息的需求意识，但无法明确表达自己需要的具体内容。图书馆工作人员应通过不断与用户沟通，捕捉这种需求，在服务用户的过程中提取反馈信息。这种需求的提取实质上是一个将意识需求转化为表达需求的刺激过程。首先，在需求提取之前，图书馆应通过多种方式收集用户个性化信息需求，如用户个人博客、定制反馈信息列表等。其次，通过与用户的即时沟通和"信息诱导"，逐渐明晰用户的阅读需求。最后，激励的过程需要特定类型的信息的影响。相信多载体、多感官的多元化内容可以让这个过程得到很好的升华。

挖掘和提取潜在的信息需求是现阶段图书馆领域中较少提供的服务，但却是用户最需要图书馆提供的服务。图书馆应改变被动等待用户提出需求的模式，主动帮助用户挖掘信息需求，使图书馆服务做到无处不在、无所不在，且更智能化。提取潜在的信息需求需要高度个性化和互动技术，底部用户的信息需求、网络、移动新媒体和数字接口是不可或缺的，在需求的基础上更容易捕获时刻激发点，增强用户的图书馆依附感，从而扩展图书馆的服务空间。

综上所述，新媒体在阅读需求提取方面有很大的应用空间，新媒体的应用将提高这一环节的整体服务质量和效率。

3. 新媒体应用的优势分析

随着知识时代的不断发展，密度大且杂乱的各类信息和公众的需求形成了尖锐的矛盾。作为主流公共信息平台，图书馆应充分发挥自身优势，充分利用新媒体的优势，挖掘用户的信息需求配合图书馆服务，以达到事半功倍的效果。

（1）快速捕获需求的优势。用户的信息需求并不具有永久的恒定性，而是随着外部环境和内心感受等主客观因素不断变化。每个读者对信息的需求，都是图书馆展示自身价值、赢得用户心理状态的机会，因此，需求捕获的快速性对于新时代的图书馆尤为重要。新媒体即时因素的注入，可以将读者的即时信息需求快速传递到图书馆，不受用户时间和空间的限制。只要用户有表达需求的愿望，图书馆就会为他们提供相关的服务。

（2）深度刺激需求的优势。用户的信息需求不仅有变化性，还有加剧的特点。但这纵向深化的本质不是单方面地依靠读者或图书馆，而是需要双方不断沟通，当然，这也需要一定的技术和技能。笔者认为，新媒体互动功能在这方面的特点的发挥是必要的，多种传播方式、多种信息传播形式等多种功能的激发让用户能最自然、最容易地表达自己的内心需求，当图书馆能够为读者的意识需求提供方便时，图书馆自然成为用户生活中不可缺少的一部分。

（3）受众广的优势。许多新媒体都是在传统媒体的基础上发展起来的，继承了传统媒体的优势和特点，融合了新技术和当代的元素。因此，很多传统媒体的受众更容易接受新媒体。例如，传统电视媒体的用户现在大部分是数字电视的忠实观众，大多数智能手机用户也接受各种移动媒体服务。可以说，新媒体的受众遍布于老年、中年、青年及少年儿童，是受众最广泛、最受欢迎的媒体形态。图书馆通过引入新媒体开展服务，可以间接扩大用户群，留住老用户，开发新用户，引导潜在用户使用图书馆资源，扩大图书馆服务空间，提高行业竞争力。

（三）阅读内容推送环节及新媒体应用分析

内容推送服务是整个阅读服务的中心环节，在阅读需求提取的基础上，开展深度服务，积累信息，升华读者自身知识。阅读内容推送环节的各个环节紧密联系，相互促进，实现整体服务质量的升华。

1. 推送模式

随着这一环节的不断发展和完善，推送模式也逐渐建立和形成。在各种模式的引导下，推送服务更加科学合理。在分析各种推送服务形式的基础上，笔者总结了几种典型的推送模式。

（1）被动推送服务，即读者是服务的发起者。图书馆在收到服务请求的基础上，针对特定的用户主题推出推送服务。这种模式类似于参考咨询服务的主题设置咨询，但没有总结和分析的环节，而是直接将收集到的各类信息资源通过新媒体平台传递给读者，如用户订阅服务。

（2）主动推送服务，即基于分析的推送服务模式。在这种模式下，图书馆是服务的发起者，在分析用户各种信息的基础上推出该服务。图书馆智能代理技术应用于用户提交个人信息的信息和智能，Web 行为研究各方面的兴趣。在此基础上，整合资源进行推送，这可以将一个共同兴趣的课题从宏观上进行推送，如图书馆网站的各分类整理信息和更新表单，也可以针对特定的读者进行智能推送（个性化智能推送、智能代理服务等）。

（3）互动推送，即分析与推送相结合的服务模式。在推送服务的发展过程中，图书馆馆员和读者逐渐认识到，一次性提供多次的推送模式已不能满足读者多变、针对性强的信息需求，互动推送模式应运而生。它是一个从微观层面解决各种问题的模型。它首先提供材料的标题列表，其次提供总结列表。在读者选择的基础上，提供其所需信息的整体内容。

2.新媒体应用需求分析

在信息推送的整个环节中，对用户的需求进行分析非常重要，它决定了内容的整合以及推送数据与用户真实需求的一致性。传统的图书馆推送服务的需求分析阶段是忽略或简单的处理，但现在用户的个性化需求越来越多，信息组织的成员之间的竞争越来越激烈，迫切需要图书馆的信息分析阶段和技术力量支持。在综合分析用户个人信息、订阅信息等需求的基础上，新媒体的间接抽象应用，如图书馆馆员咨询意见、用户语义网传播提取、用户个性化标签、网络智能代理服务等，在新媒体图书馆的需求分析阶段不可或缺。

内容整合阶段将用户需要的各种载体形式和信息类型整合为一体，为用户提供统一的一站式服务。用户无须费心打开大量网页，只需在图书馆为用户提供的个性化页面中浏览即可。人工收集和整理这些信息是不可能的，但Web2.0环境下的内容聚合、智能信息获取等媒体形式可以轻松完成这项工作。

推送阶段是在对上述信息进行分析整合的基础上，向用户展示符合其需求的信息。这个阶段听起来像是一个非常简单的操作，但从本质上讲，推送的形式尤为重要，它直接决定了用户的接受程度：是积极地、兴致勃勃地接受图书馆的信息服务，还是被动地接受；是期待下一次的服务，还是对今后的图书馆服务感到失望。电子邮件传播、网络讲座、各种形式的竞赛等推送方式在图书馆中逐渐出现，深受用户欢迎。在未来的发展中，以各种新形式出现的新媒体因素对图书馆提高用户兴趣和树立品牌意识也是至关重要的。

综上所述，新媒体应用于图书馆阅读服务的推送环节是不可逆转的时代潮流。许多新媒体应用的实例证明了新媒体在图书馆服务中的适用性和可行性。因此，图书馆作为阅读推广的主要平台，应积极吸引各种新媒体，探索其应用的优势，从而实现新媒体与图书馆的良好融合，提高图书馆服务的质量和效率。

3.新媒体应用的优势

阅读内容的推送环节包括信息需求分析、内容整合和推送形式。随着社会信息总量的指数式增长和用户信息需求精度要求的不断提高，这些工作在技术、质量和效率方面的难度系数也在增加。新媒体的普及给图书馆工作带来了新的发展机遇。充分发挥新媒体的优势，在融合的基础上进行创新，是图书馆亟待解决的问题。

（1）小说形式。各种新媒体形式的应用，使阅读推送环节更加活跃，对用户更具吸引力。对于读者来说，接触信息本质的体验更强烈、更客观。音频、视频、文本等形式的信息能充分调动读者的感官，使读者充分接收图书馆推送的信息；同时，新媒体提供的信息形式新颖，方式独特，给读者一种清新的感觉，刺激读者进行阅读，使推送环节达到完美的程度。

（2）注重效率和质量。新媒体本质上是先进理念和技术的代表。基于用户需求分析的内容集成要求高质量、高效率，传统的人工分析和筛选已经远远不能满足当今信息爆炸时代高度个性化的信息需求。Rss的自动聚合功能、语义网的自动识别和分析功能、智能代理的自动推送功能，都是新媒体及其辅助实现技术的优势。统一模式的智能处理保证了自动化服务中效率和质量的双重优先，满足了信息时代用户的需求。

（3）馆外服务方便。知识时代，信息机构之间的竞争尤为激烈，图书馆要想在激烈的竞争环境中发挥优势，加强信息服务，就必须拓展自己的服务空间，将各种服务延伸到外部，如许多发达地区的图书馆已将自助图书借阅机搬到街道、居委会等公共场所，使用方便。新媒体的出现和发展，为图书馆服务的对外发展提供了一个很好的机会，移动设备、电子书和一系列的移动新媒体随处可见，图书馆如果可以充分利用这些移动新媒体，将打开一个巨大的馆外服务空间，最终使图书馆存在于人们的日常生活中。

（四）阅读内容升华环节及新媒体应用分析

1.阅读内容升华环节概述

阅读内容的升华环节是图书馆整个阅读服务链的目的阶段，阅读的本质意义在此得以体现。启迪智慧、开拓视野、创新发明都离不开基本的阅读活动，也离不开对阅读内容最直接表达的升华。然而，单纯的阅读活动并不能实现物质信息的升华，它需要前期大量信息和资源的积累和沉淀，是思维、创新、整合等知识能力综合作用的结果。

阅读是内容升华的起点。读者在不知不觉中对推送的阅读内容进行分类和筛选，抽取符合自己需求的内容进行分析阅读，对信息资源有了深刻而坚定的把握，为内容的升华勾勒出拓展的源头。

信息知识的积累是内容升华的基础。不同文化背景和知识积累的读者在面对相同的信息内容时会有不同的理解、想法和观点。同时，周围人的想法和意见也会影响读者的主观态度。总之，知识的积累和沉淀为阅读内容的升华奠定了坚实的基础。

思考、创新、融合等是阅读内容升华的根本保证。有了阅读的原始内容，相关知识的积累就得以顺利完成，知识结构的建立、创造性思维的产生都是这个阶段的任务。需要指出的是，这个阶段应该不断有新的内容出现，且读者可以用各种形式将其表达出来，或者在他们的头脑中形成新的思想。

综上所述，阅读内容的升华环节是阅读服务中最重要也是最难完成的阶段。图书馆不仅需要提供日常的信息服务，更需要注重对用户信息素养的长期服务积累。同时，图书馆也应逐步扩大图书馆的业务范围。

2.新媒体应用需求分析

阅读内容的升华是图书馆阅读服务的灵魂阶段。图书馆作为信息机构应该具备所有的信息服务，既有信息需求分析、信息推送环节，也应该具备新知识的生成、信息的传播。这实质上就是对阅读结果的内容升华。新知识和新思想的产生对于个人（尤其是研究人员）乃至整个国家都是极其重要的，它可以打开新的研究视角，促进创新。因此，图书馆应更加重视这项服务。新媒体在这一环节的应用，可以提升阅读服务的广度和深度，使读者阅读内容从用户和图书馆两方面得到升华。

要完成阅读内容的升华，读者需要同时具备分析阅读内容、知识储备以及思考、创新等能力。在阅读内容的分析阶段，读者单纯依靠自己的思维框架是单调的，个人的思维能力有限，对阅读内容的总结分析不够高，观点不够全面，这将极大地限制读者的研究和创新活动。图书馆应该为读者提供一个交流和讨论特定阅读主题的空间。科学研究表明，在辩论中，辩论者的思维速度更快，更有可能产生新想法。当然，这一系列的服务都依赖图书馆提供一个开放的平台，容纳不同的学科领域。

3. 分析新媒体应用的优势

（1）强相互作用。新媒体强调个性化，但它并不是孤立每个用户，而是将用户相互联系起来，使人、群体、内容完全自组织地联系起来，从而产生更多的内容，增加吸引力。在阅读内容的升华中，读者仅凭自己的力量很难生成新知识、新思想。新媒体充分发挥其优势，读者之间的思想碰撞产生智慧的火花。读者与图书馆馆员之间需要一个广阔的自由交流空间，空间的建设需要平台的支持，各种新媒体图书馆就是一类颇具优势的平台，服务于图书馆并具有竞争交流的学术氛围，不仅能激发图书馆服务的活力，也为读者提供了无穷无尽的新思路和新观点。

（2）共享程度高。新媒体共享平台具有及时性和高质量的特点。一个新的事件信息通过这个平台能够立即传遍世界，读者不仅可以浏览信息的内容，也可以发表观点，并找到自己感兴趣的网络社区团体。图书馆运用新媒体拓展自身的服务空间，读者的阅读内容升华服务在大多数信息机构中仍是空白，却是读者提升自我的一个非常重要的环节。图书馆虽然不能提供所有的升华服务，但应尽力满足用户的需求，增强用户对图书馆的归属感，增强图书馆在信息服务组织中的核心竞争力。

综上所述，笔者借鉴相关专业理论，将传统的单一阅读服务体现为一种新的阅读服务链形式，并创造性地提出其主要内部环节，即用户需求挖掘与提取环节、阅读内容推送环节、阅读内容升华环节，并对各个环节进行理论研究与需求分析，找出新媒体与各个环节的融合点，并指出应用的优缺点。

第三节　高校图书馆移动阅读服务的优化

阅读服务主体必须作出创新与调整，才能更好地实现自身的社会价值。图书馆服务理念指图书馆围绕读者服务工作的基本方针，是图书馆的办馆宗旨、原则、目标，是图书馆的服务方式、服务内容、服务态度等的体现，是图书馆一切服务工作的指导思想、理念基础、前进方向和行动准则。它代表着一个图书馆的服务形象，是图书馆工作的核心，能体现图书馆的发展观、质量观和人文观，衡量出图书馆的办馆水平。服务是图书馆的天职，是图书馆的生存之本。服务是社会发展的驱动力，社会上人与人之间、群体与群体之间正是通过服务活动维系着彼此的存在与发展的。

一、高校图书馆移动阅读服务及其内容

（一）高校图书馆移动阅读服务的内涵

关于图书馆移动阅读服务的概念，目前学术界还没有形成统一的说法，以下是一些引用量较多、认可度较高的观点。

学者朱海峰于 2002 年在《图书馆理论与实践》中发表《数字化图书馆的发展——无线图书馆》一文，开创了国内学术界对移动图书馆、图书馆移动阅读服务、图书馆移动信息服务等理论研究的先河。文章指出："无线图书馆是用户使用便携式移动终端设备，以微波、无线电等接入方式获取所需文献信息的数字化图书馆，是数字化图书馆的进一步扩展。"[①]

2004 年，时任北京大学副校长的吴志攀发表文章《移动阅读与图书馆的未来——移动读者的图书馆》，表达了对图书馆移动阅读服务的畅想，提出了以手机为移动阅读平台的"一个人的图书馆"的发展趋势，为以后学者对高校图书馆移动阅读服务的研究做出了表率。

2004 年，黄群庆在《崭露头角的移动图书馆服务》一文中提出："移动图书馆服务是指移动用户通过移动终端设备（如手机、PDA）等，以无线接入方式接受图书馆提供的服务[②]。"

同年，胡振华、蔡新也提出了"移动图书馆"的概念，指出"移动图书馆是依托比较成熟的无线移动网络、互联网以及多媒体技术，使人们不受时间、地点和空间的限制，通过使用各种移动便携设备（手机、手持阅读器、掌上电脑、e-book、笔记本等）方便灵活地开展图书馆信息查询、浏览和获取的新兴图书馆信息服务，是数字图书馆电子信息服

---

① 朱海峰.数字化图书馆的发展：无线图书馆 [J].图书馆理论与实践，2002（6）：14-15.

② 黄群庆.崭露头角的移动图书馆服务 [J].图书情报知识，2004（5）：48-49.

务的延伸与补充①"。这一概念的提出引发了众学者的认同，书生公司亦是在此基础上提炼出"移动图书馆"概念，引用度较高。

总结各位学者关于高校图书馆移动阅读服务的概念界定，现将高校图书馆移动阅读服务的内涵归纳为以下三点。

第一，高校图书馆移动阅读服务的主体是图书馆，图书馆移动阅读用户是服务的客体，与图书馆移动阅读的内容、服务模式等组成了图书馆移动阅读服务的要素。

第二，高校图书馆移动阅读服务的实现以无线网络、多媒体技术等为技术依托，同时要有接收阅读信息的设备，以保证图书馆用户的移动阅读需求，并会随着移动技术的更新而发展。

第三，高校图书馆移动阅读服务是图书馆服务的重要组成部分，图书馆移动阅读服务连同图书馆其他服务共同助力于高校图书馆的建设。

（二）高校图书馆移动阅读服务的内容

鄢小燕等人在论文《基于移动阅读特征分析的图书馆移动服务思考》中对用户的阅读内容进行了界定，"不仅包括传统的阅读内容在移动设备上的移植，还包括利用新兴的信息获取方式获取并阅读的各类信息"②；茆意宏也对图书馆移动信息服务的信息内容进行了界定，"既包括直接采用传统文献信息服务的内容和互联网信息服务的内容，也包括立足于移动用户的独特需求和移动信息技术的独特功用开发新的信息服务内容"③。可见，对作为高校图书馆移动阅读服务的重要组成要素的高校图书馆移动阅读服务，其内容的分析是至关重要的。以高校图书馆为研究对象，高校图书馆移动阅读服务的内容大致可以分为以下几个部分。

1.高校图书馆基础服务内容及相关活动通知是高校图书馆移动阅读服务的内容之一。高校图书馆通过移动网络技术发布以高校图书馆服务信息

① 胡振华，蔡新.移动图书信息服务系统[J].现代图书情报技术，2004（4）：18-20，42.

② 鄢小燕，张苏闽，谢黎.基于移动阅读特征分析的图书馆移动服务思考[J].图书馆论坛，2012，32（5）：130-133，93.

③ 茆意宏.面向用户需求的图书馆移动信息服务研究[M].北京：中国书籍出版社，2013：61.

及活动通知等为主的移动阅读内容，包括图书馆概况，如馆情简介、机构设置、馆藏布局等；服务通知，如读者通知、咨询解答、开馆通知、基本借阅服务、馆际互借服务、新生培训导航、新书通报等；网络导航，如学科网络资源导航、国内外图书馆导航、优秀站点推荐等；常用学术网站链接指引；图书馆举办学术讲座通知、专题会议通知、读者活动通知等。

作为高校图书馆移动阅读服务的又一项服务内容，用户借阅信息的通知与传达在图书馆与用户之间扮演着举足轻重的角色。在用户借阅信息的通知与推送过程中，以高校图书馆为主体，对用户借阅信息的发布方式可划分为主动通知和被动推送两种。

以上内容是高校图书馆服务的基础内容，在全媒体、移动互联网时代，高校图书馆更应顺应网络发展趋势，将高校图书馆服务的基本内容通过移动网络与移动设备发布出来，以信息阅读的形式向读者提供移动阅读服务。目前绝大多数高校图书馆都能实现图书馆服务及活动通知发布网络化，部分高校能够通过短消息、微信推送等形式实现服务通知。

2. 馆藏数字信息资源作为高校图书馆移动阅读服务的基本组成部分是重要的服务内容，主要包括可供移动环境下适用于阅读终端的电子图书、期刊、报纸等；多媒体资料如图片、音频、视频等；电子文献、期刊数据库，常用的如 CNKI 中国学术文献总库、人大复印报刊资料全文库、万方数据库、爱迪克森网上报告厅、国研网、EBSCO 数据库等；各类讲座、学术报告、专题会议的资料、视频资源等；高校特色化的数字馆藏资料，如本校硕博士学位论文库、古籍文献、根据课程设置开设的读书工程资料、外文文献等。

高校图书馆馆藏数字信息资源是高校图书馆依托数字图书馆系统进行移动阅读服务的主要内容，也是用户在移动阅读行为中最普遍的选择。多数学者认为馆藏数字信息资源是将传统阅读资料进行数字化加工、处理后"平移"给移动阅读用户，是高校图书馆服务的扩展与延伸。高校图书馆用户可选择通过移动阅读终端在线阅读，或下载到阅读终端中进行阅读，也有部分高校图书馆实现了根据不同读者的需要，将读者所需的馆藏数字信息资源发送到读者的电子邮箱或其他接收地址。

3. 主动通知是高校图书馆及时向用户发送借阅信息。主动通知的内容包括新书公告、到期提醒、逾期通知、预约文献到馆通知等，是高校图书馆主动发送给用户的，以实现高校图书馆移动阅读服务。被动推送是用户在图书馆进行查询、预约等行为后，图书馆通过整理、协调、安排，向用户以回复的方式提供高校图书馆移动阅读服务。被动推送的内容包括书目查询结果、续借允准、预约图书回复、读者的参考咨询回复等。值得一提的是，以黑龙江大学为例，为维护学生进馆自习的秩序，规范图书馆自习区域的管理，黑龙江大学图书馆实行了图书馆自习区座位预约服务，而将预约结果发送给学生也是图书馆移动阅读服务内容之一。

4. 在经历了以 Web1.0、Web2.0 为技术依托的图书馆 1.0、图书馆 2.0 时代后，随着网络技术的不断发展完善，高校图书馆移动阅读服务迎来了以 Web3.0 为技术支持的图书馆 3.0 时代。如果"用户参与的图书馆 2.0 信息资源建设包括 RSS 内容聚合、博客日志及评论、Wiki 条目编写、网摘书评等资源"[①]，那么在图书馆 2.0 环境下，侧重的则是用户的参与及互动。基于 Web2.0 技术的图书馆 2.0 服务还没有真正意义上完全覆盖所有图书馆，但基于 Web3.0 技术的图书馆 3.0 理念已经开始进入人们的生活，而"Web3.0 的个性化信息聚合技术更能实现知识共享的个性化和精准化"[②]。例如，如果想通过图书馆咨询出国留学相关问题，如希望学费每年在 5 万元左右，学校认可度高，学校所在地气候与国内相似，都有哪些院校可供选择呢？在图书馆 2.0 服务环境下，用户需要根据条件逐条搜索，再将相关搜索结果进行整理、对比进而得出选择范围。而在图书馆 3.0 服务理念下，则可以在数据库中根据用户提出的条件自动查找、配置，锁定目标后直接呈现给用户。也就是说，"图书馆 3.0 服务会使书目情报服务更加智能化"。

之所以将要阐述的高校图书馆移动阅读服务内容归纳到图书馆 3.0 理念下，是因为微信公众平台及手机 App 日趋成熟，以此为服务模式提供的图书馆移动阅读服务内容正朝着图书馆 3.0 服务迈进。虽然图书馆 2.0 服务现阶段还未完全实现，但图书馆 3.0 已经成为现阶段高校图书馆移动阅读服务探索的新目标。

---

① 冯英华，刘磊. 基于需求的高校图书馆 2.0 个性化信息服务模式研究 [J]. 中国图书馆学报，2012，38（2）：50-61.

② 陈亚珊. 以用户为中心的图书馆 3.0 的构建研究 [J]. 江西图书馆学刊，2012，42（1）：4-7.

在图书馆 3.0 理念下，高校图书馆通过微博、微信公众平台、智能手机 App 软件，以及 Web 浏览器发布的服务内容都是图书馆移动阅读服务的内容，这些内容以推送的形式发送给用户，使高校师生在刷微博、看微信的过程中接收图书馆发送的内容，接受图书馆的移动阅读服务。

二、高校图书馆移动阅读服务的模式

作为图书馆移动阅读服务的又一重要组成要素，高校图书馆移动阅读服务的模式直接关系着用户体验的满意程度。对高校图书馆移动阅读服务模式的探究，不同学者有着不同的观点：从移动终端接入互联网络的技术方式考虑，"可以将高校图书馆移动阅读服务的模式分为基于 SMS 的实现模式、基于 WAP 的实现模式、基于 App 的实现模式、基于 I-Mode 的实现模式、基于 IDB 的实现模式、基于 J2ME 的实现模式"[①]；南京农业大学茆意宏教师"根据图书馆移动信息服务的组成要素及相互关系，分为基本模式、即时服务模式、基于位置的服务和个性化服务等模式"；东北师范大学的刘译阳、蒋丽艳教师根据承载移动阅读信息的载体不同，"将高校图书馆移动信息服务模式分为图书馆移动信息服务客户端服务模式、图书馆移动信息服务 WAP 网站服务模式、图书馆移动信息服务短信服务模式"。

本书在研究的过程中，始终坚持以高校图书馆为研究主体，以高校图书馆用户为研究客体，根据研究主体提供移动阅读服务的状态，将高校图书馆移动阅读服务模式分为主动服务模式和交互式服务模式。

（一）主动服务模式

高校图书馆移动阅读主动服务模式是指，图书馆通过主动了解、掌握用户需求，主动发布、推送、提供服务内容，开展图书馆移动阅读服务。现阶段高校图书馆主动服务模式主要包括短信服务，建立的覆盖 Wi-Fi 的阅览室、服务内容发布在公众信息平台及提供电子书借阅机等。

1. 短信服务

2003 年，北京理工大学图书馆率先通过短信通知学生借阅期满、新

---

① 吴汉华，王子舟. 从"Web3.0"到"图书馆 3.0"[J]. 图书馆建设，2008（4）：66-70.

书提醒和借阅预约，开启了高校图书馆手机阅读服务的短信服务模式。高校图书馆通过借书证或"一体式卡"获取用户的联系方式，并将其与图书馆服务系统关联，为用户提供书目过期提醒、图书预约提醒、新书发布通知、图书开馆时间通知等服务。中国电子科技大学图书馆、浙江大学图书馆、香港教育学院图书馆、四川音乐学院图书馆等近100所高校图书馆也开通了短信服务。

2. 建立覆盖 Wi-Fi 的阅览室

高校图书馆的移动阅读服务依赖于移动互联网技术的实现。大多数用户在进行移动阅读，或将阅读内容下载到终端阅读，或在线阅读时都会消耗一定的流量。根据用户环境的变化，移动阅读环境可以分为稳定的阅读环境和移动的阅读环境。稳定的阅读环境包括图书馆、教室、宿舍、食堂；移动阅读环境包括旅行、交通媒介等。高校图书馆为读者设置了 Wi-Fi 覆盖的阅览室，部分高校实现了整个图书馆的 Wi-Fi 覆盖，使读者可以轻松下载资源或在现场阅读。这也是高校图书馆在稳定的阅读环境中主动开展的移动阅读服务。

3. 在公共信息平台发布信息

高校图书馆借助网页、公共信息门户、博客、微博、微信订阅号、手机 App 主动推送图书馆服务公告、讲座等活动通知，图书馆文化动态信息，推荐图书或阅读摘要等电子内容，读者可通过移动终端进行移动阅读。这种服务模式是目前高校图书馆广泛采用的主动服务模式，可操作性强，方便用户随时随地查询阅读。值得一提的是，复旦大学图书馆发表了《2014 年度图书馆阅读声明》，公开版以数据账单的形式直观展示了复旦大学图书馆 2014 年阅读相关数据；个人版是为 2014 年借阅 5本以上图书的读者量身定制的阅读声明。读者可以通过图书馆的数字服务端口输入学号和学名进行查询，实现图书馆数据的定制比较服务。

4. 电子书借阅机

2015 年 1 月，武汉大学图书馆安装了两台超星电子书借阅机，读者只需要在手机上安装超星移动图书馆客户端软件，扫描借阅机上图书的二维码，即可用手机下载电子书进行阅读。

5. 其他主动服务模式

2014 年度，上海复旦大学有 508 人次体验到了复旦大学图书馆提供的平板电脑免费外借服务；2014 年 10 月，南京大学"悦读经典计划"电子图书数据库开通，为读者提供阅读和下载功能。这些都是高校图书馆以主动服务的模式面向用户开展的图书馆移动阅读服务。

（二）交互式服务模式

"交互"一词来源于计算机用语，指参与活动的对象可以相互交流，双方面互动。高校图书馆移动阅读交互式服务模式的交互双方是高校图书馆与用户。在图书馆 3.0 服务理念下，用户通过图书馆提供的交互式服务模式参与图书馆建设，与图书馆互动的同时，促进高校图书馆移动阅读服务发展。

1. 微信公众号

高校图书馆建立微信公众号，以订阅推送的形式发布服务内容，包括图书馆服务信息、推荐阅读书目、学者介绍、短文精选等。同时用户可根据公众平台的建设与自身阅读需要，查看最新消息、资源动态、读者培训等，还可以通过回复关键字或日期的形式查看历史消息。有些高校图书馆的微信公众号直接与图书馆门户网站对接，读者可通过微信公众号直接进入高校图书馆系统进行书目查询。笔者认为，微信公众号服务是最接近图书馆 3.0 服务理念的，其服务过程在用户参与互动的基础上，更加强调技术智能。

2. 微博公众号

微博公众号的实现模式是基于图书馆 2.0 服务模式的，更多地强调用户的参与。高校图书馆通过微博公众号发布移动阅读服务信息，图书馆用户可根据微博内容进行评论或表达需求，微博的维护者可以通过回复评论或私信的方式与用户进行沟通交流，进而有针对性地提供图书馆移动阅读服务。

目前，开通微博公众号的高校数量要比开通微信公众号的高校略多。整合新浪微博、腾讯微博数据，有近 400 所高校图书馆开通了微博公众号。综合粉丝数量与查询次数，清华大学图书馆、武汉大学图书馆、厦门大学图书馆、复旦大学图书馆、华东师范大学图书馆、同济大学图书馆、北京大学图书馆、广东外语外贸大学图书馆、南京大学图书馆、深圳大学图书馆位列前十。

3. 独立 App 服务

独立 App 服务模式与微信公众号服务模式类似，也是基于图书馆 3.0 服务理念，发展目标是实现图书馆与用户的完美互动，展现更加智能化的高校图书馆移动阅读服务。微信公众号是基于微信平台而存在的，一个微信软件能支持无数所高校图书馆的公众号。与微信不同，部分高校图书馆还建设了以自身为主、独立存在的移动阅读 App，用于提供图书馆移动阅读服务。

三、高校图书馆移动阅读服务终端

高校图书馆移动阅读服务的实现，离不开移动阅读终端的助力，移动终端依托移动信息技术接收信息服务。常见的移动阅读终端主要有手机、电子书阅读器、平板电脑等。

（一）手机

手机是目前使用最广泛的移动阅读服务终端，凭借着几乎人手一部手机的巨大优势，依托短信服务、手机软件 App、内置浏览器技术接收和获取移动阅读服务。作为移动阅读终端，手机具有很多优点，如：保有率最高、使用率最高；具有接收图书馆短信服务的功能；通过下载手机软件如微信、微博、高校移动图书馆 App 等进行移动阅读；在无法连接 Wi-Fi 的情况下可以使用手机移动数据流量进行下载或在线阅读，等等。当然手机是通信工具，移动阅读作为辅助功能存在着一定的服务限制，如屏幕较小不适合阅读；无免费网络状态下，移动流量资费较高，尤其在 5G 网络环境下，若观看视频产生的流量费用是相当高的。

（二）电子书阅读器

电子书阅读器是各大移动技术公司为适应移动阅读的需要而生产并投放市场的专门供下载和阅读电子文献的工具，也是目前比较常见的移动阅读终端。亚马逊公司已推出了第五代 Kindle Fire 阅读器、Kindle Paper white 阅读器、Kindle Voyage 阅读器，此外还有 BOOX 电子书阅读器、博阅电子书阅读器、汉王电纸书、Iriver Story 电纸书阅读器、盛大电子书阅读器等也纷纷投入市场，但抢占市场份额最多的始终是亚马逊 kindle 阅读器。

电子书阅读器的优点是阅读功能强大，适合用户阅读的各种模式相对齐全，屏幕适中、轻便易携带、存储容量大，可做阅读字体调整、阅读标注等，用户体验最接近传统纸质版图书。以 Kindle Paper white 阅读器为例，6 英寸屏幕，非反光电子墨水触控显示屏光照均匀，能够有效保护眼睛，适合长时间阅读；用户可以快速浏览全书，也可随时翻到某页或者章节，同时保存当前浏览进度；有粘贴本与生词本两大功能，能够将阅读时所做的标注与生词保存，以便随时查看；机器内置 Wi-Fi，可与亚马逊商城直接关联，无线下载，且存储量大。笔者的 Kindle Paper white 阅读器每日随身携带，空闲时间便可阅读。但电子书阅读器也存在一些不足，如功能较为单一，只能用作阅读使用，且购置费用较高，导致仅有移动阅读需求的用户才会购买，保有量并不能实现如手机一样人手一台的美好愿景。

（三）其他移动阅读终端

平板电脑，小型便携式个人电脑，如苹果公司的 iPad 或 iPadmini、三星公司的平板电脑，联想、华为等公司也生产平板电脑。平板电脑可以触屏手写输入，支持浏览网页、下载并使用 App、阅读电子读物、播放视频音频文件等功能，是一台小型的电脑，同时也类似大型的手机。

PDA（Personal Digital Assistant），一般指掌上电脑、是辅助个人工作的数字工具，主要提供记事、通讯录、名片交换、行程安排等功能，可以进行移动办公、学习、阅读、记事等。

Play Station Vita，简称 PSVita，是日本 SONY 公司发布的 PSP（已停产）基础上的新一代掌机。它将游戏体验与社交互动相结合，还可以使用 4G、Wi-Fi 上网看视频、看电影、拍照、GPS 定位导航等。其功能几乎可以媲美平板电脑，但比平板电脑更轻巧、便携。但游戏体验是 PSVita 的主要功能，移动阅读是辅助功能。

第二章　高校图书馆阅读文化建设与阅读服务机制

第一节　高校图书馆阅读文化与网络阅读文化

　　高校图书馆文化是高校图书馆在长期的教学和科研实践中逐步积累起来的。它是图书馆馆员在长期服务读者的实践中形成的，是广大图书馆馆员普遍遵循的行为准则、价值观念、集体意识和服务模式。

　　高校图书馆文化不仅体现了图书馆的精神，也反映了高校的政策和理论水平。大学图书馆文化以大学文化为基础，以图书馆文化为主体，随着大学文化发展而发展。高校图书馆文化服从和服务于高校日常教学科研工作，这决定了其服务特征。高校图书馆的服务不同于只追求经济效益的商业服务，它是一种追求社会效益的公益服务。高校图书馆作为高校不可或缺的一部分，既是高校的文献信息中心，又是为教学和科研服务的学术机构。高校图书馆应以为学生和教师提供信息咨询服务为己任，更好地展现高校图书馆服务文化的特征。因此，必须扩展其服务领域，改变传统的服务模式，加大服务力度，为广大师生提供各种积极的服务，如编制各类书目、索引等二级文献，提供多渠道检索，开展网上服务等，使高校图书馆文化健康持久发展。

一、高校图书馆阅读文化概述

（一）高校图书馆阅读文化概念

在阅读文化研究中，学术界一直把图书馆作为一种传播媒介加以重视。阅读文化总是依附于一定的社会背景，由特定阅读主体的阅读行为构成。图书馆是高校文献信息资源的中心，是教师和学生学习和研究的重要阵地。

图书馆阅读文化是指图书馆通过为读者提供服务，使读者接受更多的知识，从而提高自身的文化水平和技能。

基于对阅读文化和图书馆阅读文化的认识，高校图书馆的阅读文化应立足于高校图书馆的生态环境，创造和形成阅读观念、阅读价值、阅读环境等精神财富，以及承载这些精神财富的阅读制度、阅读行为、阅读习惯和物质形态。高校图书馆阅读文化的内容应包括以下三个方面：第一，图书馆的物质形态，包括图书馆建筑、馆藏、阅读环境、阅读制度与标准；第二，图书馆的阅读价值观和阅读理论，即包括图书馆馆员在内的学校成员所共有的阅读观、阅读理论、阅读习惯和阅读风格；第三，图书馆阅读文化活动，包括讲座、讨论和实践。

高校图书馆阅读文化建设，是高校师生在图书馆长期的历史发展中为保持高校图书馆阅读文化的形成和健康持久发展而共同创造的文化成果。高校图书馆通过创造和继承阅读文化，营造良好的阅读氛围，提高阅读效果。图书馆应采取一系列措施和行动，促进高校图书馆阅读和国民阅读的发展。

（二）高校图书馆阅读文化的重要性

1.有利于形成与社会主义现代化相一致的价值观

价值观是人们在判断周围的事物是否满足个人或社会的某种需求时所持有的观点。大学生价值观的形成过程主要是在社会实践中把对周围事物的认识和看法内化为自我价值的过程。图书馆存在于一定的社会关系中，高校图书馆的阅读文化必须是一定时代风貌和时代精神在图书馆中的体现，必须在一定程度上反映时代的要求和特点。随着改革开放的进一步发展，人们的想法发生了许多良性的变化，但也有一些负面的事物，不同程度地影响着我国的现代化建设，对高等教育领域也产生了一定影响，如享乐主义、拜金主义、极端个人主义思想在校园里蔓延。高校图书馆阅读文化作为高校思想政治教育的重要载体，应充分发挥其教育功能，引导大学生树立符合时代要求的价值观。

一方面，从文化价值取向看，图书馆文化精神是通过一定的文化、环境、氛围、制度约束、网络环境等来塑造大学生在思想观念、行为方式、心理素质等方面的价值取向，从而塑造大学生的心理和人格。

另一方面，高校图书馆阅读文化是图书馆精神的核心和灵魂，是图书馆工作人员和学生的共同的价值观。在特定的环境和图书馆精神的渗透作用下，大学图书馆阅读文化已成为大学生的"晴雨表"，它所肯定的行为和事物应该被大多数学生接受和尊重；它所否定的行为和事物一定会受到大多数学生的鄙视和批评。高校图书馆阅读文化还具有一定的导向功能，它将符合社会主义现代化建设的价值观纳入图书馆建设的文化活动中，形成正确的价值导向和舆论导向，对学生产生持久的影响，使大学生阅读在高校图书馆文化熏陶下，形成与社会主义现代化建设相一致的价值观。

2.有利于激发大学生的爱国主义和集体主义热情

首先，面对科技信息时代的挑战，高校图书馆应坚持对学生进行素质教育，努力宣传新时期党的方针政策，初步掌握辩证唯物主义的理论框架和思维方式。其次，图书馆大厅、走廊等应设置布告栏、窗栏，在大厅内悬挂科学家、政治家、爱国者的画像、名句，以及名人字画、谚语等，通过大厅的滚动屏幕发布各种最新消息，引导青年学生思考学习，帮助学生了解和热爱中华民族的优秀传统文化。最后，高校图书馆应积极配合社会主义、爱国主义和集体主义的宣传教育活动，加强这方面的推荐、宣传和优秀图书的介绍，并通过开展"读书报告""新书推荐""流行图书推荐"等多种形式的活动，充分发挥高校图书馆的教育功能，引导学生热爱阅读，阅读好书，提高大学生的文化品位和修养，鼓励学生认真学习各方面的知识和技能，调动学生学习的积极性和创造性。

优秀的高校图书馆阅读文化可以影响学生世界观、人生观、价值观的形成，使学生从中受益。良好的思想道德教育能使学生在不知不觉中形成敏锐的观察力和准确的判断力，学会分辨善恶、对与错、美与丑，从而形成良好的品德。健康文明的图书馆文化，可以培养学生高尚的道德情操，使他们具有远大的理想、炽热的爱国主义精神与高度的社会责任感和使命感。

3.有利于发挥高校图书馆的引导作用

导读是图书馆教育过程的重要组成部分，其目的是在了解读者兴趣和需求的基础上，通过积极的宣传和推荐来影响读者的阅读及其对图书的选择和理解。

高校图书馆是高校文献信息资源的分布中心，广大师生是图书馆的主要用户。导读一直是图书馆工作的重点。大学生具有一定的阅读能力和良好的思维习惯，但大学生的阅读情况不容乐观，很多学生很少甚至从未去过图书馆。高校图书馆阅读文化建设可以营造良好的阅读氛围。师生以阅读这一特定的文化活动为核心，对人们所形成的观念和行为等文化现象的价值相互认可，并要求人们在这一特定范围内遵守这些规则。人们在阅读时会受到文化的影响，同时，又在这种文化的影响下阅读，并享受阅读。这说明阅读文化对人们的阅读行为有着潜移默化的作用。优秀文化造就优秀民族，良好的阅读文化必将推动高校图书馆的阅读活动，更好地实现其阅读导向功能，为更多的师生服务。

4.有利于校园文化的建设

（1）高校图书馆先进阅读文化对教师和学生具有熏陶作用。图书馆是学校不可分割的一部分，是教师和学生学习的第二教室。人创造了环境，环境也在影响人。优秀的高校图书馆阅读文化依靠广大师生工作人员的自觉、集体组织的力量和舆论的引导，对学生的阅读思想和行为产生影响，促使广大师生养成良好的阅读习惯和阅读观念，从而形成良好的校园学习氛围，体现先进的阅读文化在高校图书馆中的作用。

（2）良好的阅读文化对大学生具有激励作用。高校图书馆是优秀校园文化产生和发展的主要场所。高校图书馆阅读文化的核心是创造共同价值。有责任感的图书馆都把创造优秀的共同阅读价值观作为图书馆文化的使命。良好的文化氛围可以创造一种激励机制，鼓励每个成员进步。因此，优秀的阅读文化可以鼓励广大师生成为阅读大师，养成良好的阅读习惯，为自己的学习和科研奠定丰富的知识基础。

（3）图书馆阅读文化的制度文化对大学生具有规范和制约作用。高校图书馆阅读文化为每个学生提供了一个评价其道德品质和行为模式的内在尺度，并要求每个人都用这个尺度来规范自己的言行。例如，图书馆管理制度的制度文化、图书馆馆员的规章制度和读者须知对所有的校园人都具有一定的规范和约束作用，要求每个人都要遵守参与阅读文化的要求。

5. 有利于社会文化水平的提高

阅读是人们学习、思考和创新的最根本途径。大学教育是一个人学习的重要阶段，良好的阅读习惯必将对他以后的学习、工作和生活产生重要而深远的影响。学生作为社会建设的中坚力量，其阅读水平直接关系到整个社会的阅读水平。高校图书馆作为高校的第二课堂，发挥着不可替代的作用。高校图书馆阅读文化作为校园阅读文化建设的重要组成部分，也是校园文化的突出体现。校园文化作为社会文化的一个子系统，反映了社会文化的总体趋势和特征。因此，高校优秀的校园文化将引领整个社会文化向更高的层次发展。高校图书馆阅读文化始终处于校园文化的前列，同时，高校图书馆阅读文化又是校园文化的亚文化，具有一定的"先见之明"。

高校图书馆阅读文化作为社会文化的重要组成部分，必将以其创新和先进，得到社会的认可，成为引领社会文化的动力。阅读使人类进步，社会文化水平的提升有赖于社会阅读的普及和发展。因此，高校图书馆在阅读文化建设中，若要营造一个积极、健康、向上的主流阅读氛围，就必然大力弘扬多读书、读好书，养成良好的阅读习惯，从学生做起，胸怀大志。在这一过程中，图书馆具有社会文化引导作用，并在正确的舆论引导下，以点带面，形成良好的互动局面。阅读将以文化的形式影响人们，使人们终身受益，从而提高整个社会的文化素质。

二、高校图书馆阅读文化建设

（一）高校图书馆在构建阅读文化中的优势

丰富的藏书、专业的图书馆馆员、高素质的读者、人性化的服务、特有的馆舍设备，以及技术方法是构成图书馆的要素，它们相互结合、相互作用，构成了一个发展的有机体，在阅读文化构建中具有其独特的优势。

1.馆藏资源优势

被誉为"知识宝库"的高校图书馆收藏了涵盖艺术、哲学、法律、经济、文学等学科领域的信息资源，学科种类齐全，是古今中外文化发展的集大成之所。同时，馆藏资源载体类型呈现多样化趋势，主要有纸质书刊、电子书刊、音像视频资料、网络信息资源。这些馆藏资源既能满足读者普及阅读、网络阅读的需求，又可满足专业阅读、兴趣阅读等不同需求。此外，高校图书馆馆藏信息资源有较明显的教育导向性，坚决杜绝危害学生身心健康的各类信息资源。这种资源丰富、学科种类齐全的图书馆读书氛围，能强烈地激发读者的阅读兴趣，在无形中塑造了阅读文化。

2.技术设备优势

近年来，网络信息技术在图书馆得到广泛应用。一方面，使得图书馆增添了技术设备力量；另一方面在一定程度上拓展了图书馆的阅读空间。数字化图书馆为读者阅读提供了新的途径，打破了传统意义上图书馆阅读时间、场所、地理位置等的限制。尤其是移动数字图书馆、WAP网站、手机图书馆等的出现，更使图书馆的查询、阅读、预约、荐购等服务无处不在，为广大读者提供了无限广阔的阅读平台。可以说，网络信息技术设备在高校图书馆中的应用、为校园阅读文化的建设方面提供了技术手段和设备支持。

3.专业服务优势

相对于普通图书馆而言，高校图书馆拥有更多的专业馆员和学科馆员。尤其是近年来，高校图书馆引进了一批高素质高学历人才，他们接受的是全面的信息专业教育，熟悉信息资源的数字化管理模式。他们更加专业化、学科化，能更科学地完成馆藏资源建设，更好地完成网络环境下的信息参考咨询，利用专业化的服务优势去引导阅读方向、倡导良好的阅读观念、创造愉悦的阅读氛围、培养良好的阅读习惯。这样的图书馆馆员是高校图书馆在校园文化建设中所依赖的重要力量，在创建校园阅读文化中起着导航员的作用。

4.特定场所优势

通常图书馆是高校的标志性建筑，有漂亮的外观、宽敞的空间、明亮的光线、精良的设备、安静的"悦读"环境。其布局合理、管理科学，图书借阅室、期刊阅览室、报刊阅览室、电子阅览室、多媒体视听室等一应俱全。在这里，读者可根据自身情况自主选择阅读，同时也能增强其自觉学习的意识，养成阅读的习惯，激发其浓厚的阅读兴趣。阅读文化具有群体性和关联性，不是个人的阅读观念和行为。高校图书馆阅读文化是全体读者在图书馆形成的阅读观念和阅读行为，读者之间相互影响、相互关联，图书馆为校园阅读提供了最好的场所。

（二）高校图书馆阅读文化建设途径

1.改善图书馆环境

物质文化在一定程度上制约着阅读文化建设的质量和规模。优雅宜人的阅读环境是培养阅读文化的最佳土壤。图书馆环境建设包括外部环境建设和内部环境建设。

（1）图书馆外部环境建设。图书馆外部环境建设应具有现代化、生态化和个性化的特点，以激发读者的阅读兴趣。首先，图书馆要注重立体建筑的艺术美学。现代图书馆建筑一般摒弃繁复的装饰，要求几何形体的抽象组合，外观简单、明亮。其次，要做好图书馆的外部绿化工作。绿植的环绕不仅可以对图书馆起到一定的衬托作用，还有助于降低噪声污染对图书馆阅读环境的影响。

（2）图书馆内部环境建设。图书馆内部环境建设是指图书馆能否提供良好、舒适的阅读环境，对读者的阅读情绪和阅读效率产生积极的影响。如果读者在一个整洁优雅的环境中阅读，既能获得心理愉悦，又能在一定程度上提高阅读效率。图书馆应注重阅读桌椅、书报架等设施的建设，为读者提供具有文化氛围的阅读环境。将师生吸引到环境建设优秀的图书馆，使其感受舒适的阅读氛围，从而爱上阅读。

2.开展阅读活动

在开发利用图书馆馆藏的同时，高校图书馆应大力开展阅读活动，帮助大学生认真思考和研究各种文化信息，提高读者的分析、鉴赏和识别能力，潜移默化地提高学生的道德文化素质。图书馆应引导读者在阅读中辩证思考，在争论中统一理解，在评论中接受教育，从而形成健康、充满活力的校园阅读文化，促使读者多读书、读好书。

图书馆要设立专门的导读机构，负责导读、宣传、推荐书刊，以及培养学生文献采集能力，解决学生刚进入图书馆时的困惑。新生一进入学校，就应该及时对他们进行培训，使其了解用图书馆各方面的功能作用等。

在掌握学生阅读心理的基础上，开展各种各样的阅读活动，引导学生热爱阅读，阅读好书，学会阅读；同时有意识地引导学生将阅读中学到的知识运用到实际的学习和生活中去，加深对所学知识的理解，锻炼学生解决问题的能力。如果学生可以用他们掌握的知识解释或解决问题，甚至取得一些成果，他们会感到掌握知识的乐趣，体验成功的快乐。高校图书馆应鼓励学生以更大的热情去掌握更多的知识，以便进一步加强学生对阅读的兴趣。

3.加强馆藏建设

图书馆是知识的宝库，是人类文明成果在时间和空间上的积淀。图书馆丰富的馆藏为校园文化建设提供了丰富而持续的物质和精神滋养，是校园主要的精神文化资源，能够全面支持和服务校园文化建设。

高校图书馆文献信息资源建设与高校校园文化建设密切相关，是高校校园文化建设的有力保障。因此，高校图书馆应充分认识到文献资源建设对校园文化建设的重要性。在高校图书馆建设中不仅应针对学校的专业设置和学科发展组织收藏，还要为满足校园文化建设的需求，建立符合高校人才培养目标的科学合理的图书馆制度，以促进学生的全面发展，促进校园阅读文化活动的有效开展。

4.优化日常管理

图书馆是学生获取信息、自学和学术交流的重要场所。它在学校的教学、科研及学生的专业学习和成长中发挥着极其重要的作用，是校园阅读文化建设中不可或缺的一个部门。

首先，要有一支高素质的图书馆馆员队伍。他们要具有良好的政治思想素质，愿意献身于本职工作；具有广博的知识素质和健康的心理素质；具有获取信息、组织信息、管理信息、导航信息的敏锐能力。这样，在校园阅读文化建设中，图书馆就能履行好导航者的职责，为师生提供良好的服务。

其次，高质量的收藏离不开科学的管理。图书馆对新到的书刊要及时进行清点、分类、编目、上架，以最快的速度满足读者的需要。书刊陈列要科学、有序。严格执行借阅制度和阅读规则，努力加快图书期刊的周转速度，使图书期刊得到充分利用。

最后，要优化服务模式，及时把握大学生阅读的热点话题和各类图书的要求，坚持思想、知识、兴趣相结合的原则，开展各类书刊的宣传报道；帮助读者做好文献检索工作；根据教学科研的需要，利用图书馆丰富的资源和先进的计算机网络，增加教学科研二、三档文献的编写；编制新书公告，向读者推荐新书，开展馆际文献借阅，促进资源共享；建立和完善相关规章制度，使管理工作的规章制度得以实施。

高校图书馆阅读文化建设是提高大学生综合素质的重要途径，是高校图书馆工作的重要组成部分。高校图书馆只有做好本职工作，挖掘自身潜力，才会在阅读文化建设中释放出巨大的能量。

三、高校图书馆网络阅读文化

网络阅读是一种新的生活方式、交流方式、学习方式和思考方式。与传统的文本阅读相比，网络阅读具有以下明显特征：在阅读内容上，信息的构成及组织方式更加多样化；在参与方式上，读者的主体性和参与性更为突出；在阅读效果上，浅读、快读一定程度地满足网络读者的信息获取需求，使人们充分享受和体验探索知识的自由和开放。随着互联网的普及，许多文学作品，尤其是经典文学作品、通俗小说和休闲书籍，都可以在网上免费下载或链接阅读。这不仅方便了人们的阅读，节省了成本，更重要的是收集了文字、图像、声音等多种传播符号为一体的网络阅读方式，引起了人们的认知习惯、思维方式和存在内在的变化，这些都是网络阅读所带来的积极的文化意义。因此，互联网正吸引着越来越多的人选择这种新的阅读方式。网络阅读是阅读的发展趋势，是人类阅读史上的一次伟大革命。

网络阅读对阅读模式的影响是巨大的，也是双重的。在阅读的研究和推广中，一味强调网络阅读的优点和积极作用而忽视其缺点和可能的不利影响，无疑是不客观的。因此，理性看待网络阅读就显得尤为重要。

从技术发展的角度来看，人类一直试图通过媒介的转换来克服传播活动的时空限制，以满足人类对自由的追求。每次技术创新都导致了阅读媒体的变革，改变了阅读模式。当传统的书写文明限制了人们随时随地获取信息、面对面交流的自由时，一种新的阅读媒体应运而生。新技术导致阅读媒体不断地朝着人类发展的方向发展，满足了人们对传统阅读随时随地怀旧的心理。移动终端逐渐融入公共生活，成为人们阅读数字文档的载体，满足了任何用户在任何时间、任何地点，以任何方式获取任何内容的需求。这些都是技术发展带来的创新。

（一）高校大学生网络阅读

1. 网络阅读对大学生的积极影响

网络阅读具有开放的阅读环境、丰富的阅读内容、互动的阅读过程和巨大的存储空间等特点。因此，与传统纸质阅读相比，网络阅读在阅读环境、阅读内容、阅读过程等方面都具有明显的优势。在网络阅读的实践中，读者可以根据自己的需要，方便、有选择性地发现自己需要的内容。同时可以随时复制、存储、修改、删除阅读内容，并借助社交媒体软件与更多的读者分享阅读内容。值得注意的是，在网络阅读中，由于网络空间的平等和互动，读者往往具有强烈的思考活动和质疑精神。他们与文本的关系不仅是简单的阅读和接受，更倾向于通过文本阅读追求思考和对话。从这个角度来看，网络阅读中的文本在很大程度上被读者解构和重构。在这个过程中，读者的主体性得到了展现，独立思考和认知能力在不知不觉中得到了提高。因此，网络阅读极大地扩展了阅读内容的自主性和选择范围，为读者传递信息、交流思想、表达情感、展示自我提供了一个开放的平台和互动空间。

2. 网络阅读对大学生的负面影响

网络的信息内容非常丰富，再加上它在阅读过程中的便捷性和自主性，网络阅读相比纸质阅读的优势不言而喻。但也应该注意其中存在的许多隐患。例如，由于网上信息发布和存储的便利性，会出现信息内容过多、信息超载、信息溢出的现象，往往使读者在选择信息时感到困惑。再如，互联网的出现导致"自媒体"时代的到来，在人人都是传播者的背景下，网络信息的发布往往缺乏必要的"把关人"，内容自由性和随机性强，信息质量参差不齐。因此，在信息选择方面，网络阅读显然不如纸质阅读。

（二）高校图书馆对大学生网络阅读的引导

高校图书馆是高校文献信息中心，承担着引导学生正确认识阅读行为、提高阅读能力的责任。目前，高校普遍设有网络阅览室，配备了专门的教师，高校图书馆也购买了丰富的数据库资源。面对大学生网络阅读存在的问题，高校图书馆应依托现有的网络阅读平台，根据大学生的阅读心理，准确把握网络阅读的功能定位，采用科学有效的策略来引导和控制大学生网络阅读，培养他们良好的阅读习惯。

1.引导大学生树立正确的阅读观念

阅读是人类生活的基本需要。对于大学生来说，良好的阅读习惯可以帮助他们更好地了解社会、生活，学会做人和做事，提高文化素养和道德素质，塑造健全的人格，进而树立正确的理想信念。但要实现这一功能，前提是要防止学生阅读行为的偏差，引导其树立正确的阅读观念。

要在网络阅读中引导学生树立正确的阅读观念，图书馆应根据大学生的实际情况和现实需要，通过图书馆网站和阅读指导、微信公众号、固定和移动展板宣传正确的阅读需求和目标，引导学生掌握正确的阅读取向，树立健康科学的阅读观念，走出快餐化、碎片化、庸俗化的阅读误区。

2.加强网络监督，引导学生良性阅读

网络文本不同于纸质文本，具有流动性和短暂性的特点，如何有效地控制网络文本，是图书馆面对的一个新的课题。因此，应根据学生不同的阅读动机和需求，采取有针对性的网络安全措施，合理筛选网络信息，为学生提供健康有益的网络信息。由于大多数大学生是通过校园网进行网络阅读，学校应考虑引入网络分类审查系统，采用必要的技术手段，通过在线监控、过滤、屏蔽等措施，对有害或不恰当的内容进行拦截过滤，有效减少对大学生网络阅读的影响，保障大学生网络阅读环境的健康。在加强监督和更有效地引导大学生网络阅读的同时，对于网络阅读模式，也可以考虑建立以校园为中心的基于互联网的推荐网站，为学生提供网上书店网站信息检索，加强大学生对网络资源的选择、分析能力，使其自觉远离不良信息。

3.加强读者培训，培养学生网络阅读技能

网络信息量极其大，只有掌握正确的阅读技巧，才能有效地利用网络工具，从容地处理浩瀚的文献资源，获得真正有用的信息。因此，为了有效地吸收网络信息，学生在树立科学的阅读观念的同时，必须具备良好的阅读技巧。为此，图书馆应注重培养学生的网络阅读技能，通过文献检索、网络信息的利用和阅读技能的训练，引导学生掌握阅读、精读和泛读、反馈式创造性阅读技能，如培养学生的网络信息分析能力、网络阅读思维能力，帮助学生形成结构性知识。同时，还要注重对学生阅读心理的引导，注重培养学生在网络阅读中的注意力、理解能力、记忆力和自控能力，帮助学生建立良好的阅读心理，为健康有效的网络阅读奠定基础。

4.营造阅读环境，提供交流平台

读书的目的不仅是获得知识，而且要通过阅读本身来获得心灵的自由和快乐。因此，只有建立在真正的兴趣基础上，阅读活动才能持续很长时间。高校图书馆在引导大学生网络阅读时，不仅要注重阅读目标、网络环境和阅读技能的建设，还要采取有效的措施，营造人文、愉悦、优雅、舒适的氛围，增强大学生网络阅读的兴趣。图书馆应提供电子图书订阅和下载服务，实现免费阅读和实时更新，成为方便快捷的阅读服务中心。图书馆要表现出对学生的关心和关怀，及时、热情地向学生介绍图书馆的功能，使学生掌握电子图书分类检索的基本方法。这些措施有利于图书馆营造良好的网络阅读环境，传递正能量。

5.完善图书馆馆员知识结构，做好服务工作

随着信息技术的飞速发展和读者信息需求的多样化，图书馆馆员的角色发生了巨大的变化。图书馆馆员不仅要掌握全面的学科知识，承担专业的信息管理工作，还要掌握计算机和网络技能，能够收集和整理网络信息资源，引导学生在线阅读。因此，图书馆馆员应不断提高自己的综合素质，完善自己的知识结构，尤其要注意主动更新自己的知识结构，跟上网络技术的发展。同时，图书馆还应熟悉大学生的心理变化和现实需求，通过问卷调查、访谈等方式，及时反馈大学生在线阅读的需求和存在的问题，及时改善工作环境，为大学生提供完善的、健康有益的网络信息服务。

四、网络阅读文化环境下的读者服务

(一)网络阅读环境读者服务中的问题

1.服务理念滞后

虽然大学高度重视网络技术在图书馆读者服务工作中扮演的重要角色,积极利用网络技术相关的读者服务,但很多高校图书馆读者服务的服务理念严重滞后,高校图书馆评价仍以馆藏资源为依据,不重视学生的阅读需求。只有收集阅读信息,认真监督网络阅读信息服务体系建设,完善服务理念,高校图书馆才能长期健康稳定发展。

2.服务内容单一

目前,我国许多高校图书馆的读者服务还停留在借阅图书和咨询信息方面,服务内容较为单一。在网络环境下,图书馆的读者服务内容发生了巨大的变化。高校图书馆不仅要为学生提供图书借阅服务和信息查询服务,还要提供网络信息查询等网络服务,从而有效地提高学生的阅读质量。

3.服务方式僵化

服务模式直接影响高校图书馆的服务质量。许多高校图书馆的读者服务项目采用的是被动服务模式,缺乏主动了解读者需求的环节,难以满足学生的实际需求。此外,由于安全等问题,大多高校采取封闭式服务模式,读者只能在图书馆中获取相关信息,时间和空间的限制都很严重。此外,高校图书馆个性化服务模式的缺失在很大程度上制约了高校图书馆的完善和进步。

(二)改进读者服务的相关举措

1.适当完善高校图书馆的物质基础

第一,高校必须积极配备网络阅读设备,加强图书馆的基础设施建设,使学生能够充分地进行网络阅读。

第二,高校图书馆应积极利用各种网络软件和搜索引擎,提高图书馆信息化服务水平,进而提高服务质量和工作效率。

第三，高校图书馆应加强信息资源建设，有效实现数字化图书馆的共享，并在引进国外先进数据库的同时，积极研究适合内部数据库的共享措施，努力满足学生学习和阅读的需求，提高图书馆读者服务的整体满意度。

2.重视高校图书馆的精神文明建设

第一，提高图书馆服务人员的素质，将网络技术实际应用于图书馆读者服务中，为学生创造一个更加安全、健康的网上阅读环境。

第二，高校图书馆的读者服务需要更加关注学生的个性化需求，适当制定一些个性化的读者服务措施，积极开展网络阅读注册、电子图书下载等附加服务建设。

第三，加强网络阅读技能教育，有效提高学生的网络阅读技能，全面实现高质量的读者服务。

3.加强高校图书馆管理制度建设

第一，明确规定网络阅读的相关规范。高校图书馆需要制定规范的网络阅读规则，加强学生网络阅读的规范性和安全性，提高学生网络阅读的安全意识，防止学生在网络阅读过程中违反法律或违背道德。

第二，推广网络阅读。传统阅读很难继续满足学生对阅读的需要，高校必须充分注意网络技术对学生阅读的重要影响，应引导学生关注网络阅读，提高其阅读热情。

第三，提高读者服务满意度。高校图书馆应更加关注读者的需求和满意度，更加注重收集读者对高校图书馆阅读服务的意见和建议，以读者的整体满意度和读者的实际需求为参考依据，全面提高图书馆读者服务水平，从而提高服务质量。

五、深化网络阅读文化的策略

高校图书馆应不断深化网络阅读文化，使其思想政治教育载体多元化。在不断深化网络阅读文化的过程中，图书馆要坚持容易吸引读者、便于操作且具有图书馆特色的原则。

（一）不断完善网络资源，打造数字图书馆

高校图书馆应充分利用网络资源共享系统，建立集思想、兴趣、服务、知于为一体的数字图书馆。高校图书馆有着重要的教育功能，其中，数字图书馆也发挥着重要作用。图书馆要充分利用局域网、校园网等，结合知网等平台建立一个巨大的信息库，为大学生提供丰富的学习资料。还可以在数字图书馆平台上开展新书热议、图书信息一览、学生自助工作在线服务等，为推动图书馆的理论研究提供有力的帮助。数字图书馆应建立供学生平等交流的平台，如建立图书馆微博、BBS、电子邮件等，使其具有及时性、互动性、广泛性等优势。学生的思想政治教育问题也是不容忽视的问题，应在平台上建立思想政治教育专栏，引导学生树立正确的人生观和价值观，充分发挥网络文化的作用。

（二）丰富数字资源，建立特色数据库

信息时代，高校图书馆的功能不断拓展，图书资料的载体已由传统的纸质出版物向数字媒体转变，数字环境下的图书馆发展迅速。为了充分发挥网络文化在高校图书馆中的教育功能，图书馆自身应不断丰富数字资源，优化馆藏，建立特色数据库。高校的特点决定了高校图书馆特色数据库主要为高校的教学和科研服务，同时担负着对大学生进行思想政治教育的重任。因此，高校图书馆应根据自身的馆藏资源优势、地域文化资源优势、读者需求优势和专业特点，整合重组馆藏资源，建立先进的特色信息资源数据库。

（三）实现互联网创新，推出精品网络文化产品

高校图书馆应努力提高网络文化产品和服务的供给能力，提高网络文化产业的规模和专业化水平。加强高品位文化信息的传播，努力形成一批具有中国特色、体现时代精神、品位高雅的网络文化品牌，增强网络文化滋养心灵、陶冶情操、愉悦身心的作用；大力推进民族网络文化重点工程建设，实施国家图书馆文化信息资源共享工程、中国数字图书馆工程、国家资源库工程等。现在我国传统文化的网络化取得了重要突破和重大成就，优秀的传统文化网站如雨后春笋般涌现，以汉学网、新

浪网汉学频道、百度汉学频道为代表的一大批优秀传统文化网站，在中国传统文化的传播与创新方面取得了可喜的成绩。图书馆应大力支持和鼓励此类产品的开发和网站建设，使一流的文化产品在传播中产生更大的社会效益，深化图书馆网络文化。

深化网络阅读文化，要充分研究图书馆网络文化主体的需求，不断对网络文化进行创新，不断推出优秀的网络文化创意产品。网络文化具有娱乐功能，因此，网络文化和传统文化一样，既包含了高雅文化，也包含了通俗的大众文化。图书馆应为读者提供更多、更好的文化娱乐产品，以提高网络文化的吸引力，并通过提高网络文化产品的数量和质量来提高读者的思想道德素质，从而达到娱乐与教育相辅相成的目的。

第二节　多视角的高校图书馆阅读推广

一、高校图书馆微信阅读推广

随着无线网络的普及和智能手机功能的不断增加，当代大学生的通信方式发生了很大的变化，他们越来越倾向于使用即时通信工具。根据中国互联网络信息中心的数据，中国的互联网用户数量持续增长，其中移动电话用户的比例在互联网用户总数中的比例也逐渐上升，表明移动终端的使用变得越来越普遍。

微信自 2010 年推出以来，以其强大的功能和良好的用户体验深受用户欢迎。最初，微信仅用于通信和聊天，但随着版本的改进，应用的范围也在扩大。特别是微信公共平台上线后，在教育、医疗、媒体、营销等方面得到了广泛的应用。目前，许多组织的服务理念发生了变化，不再是被动等待，而是主动提供服务。作为一个服务师生的非营利组织，高校图书馆越来越倾向于主动提供服务，微信为其提供了一个平台。

微信平台本身功能强大，除支持文字、图片、音频、视频的即时传输，还具有群聊、摇一摇、二维码等模块，使用方便，操作简单。用户不需要太多的技巧，只要他们会说话、打字，就可以使用微信的大部分功能。随着版本的升级，应用程序变得越来越人性化和智能化。目前，微信上的消息传播方式有三种：一对一私有传递、一对多广播传递和多对多社区交互。这既保证了信息发送的即时性和有效性，又保证了用户之间的互动程度。此外，微信平台是可扩展的。图书馆可以自行重新开发微信公众号，也可以根据自身需要委托第三方搭建适合阅读推广的公共平台。

（一）微信平台在高校图书馆阅读推广中的应用

1.微信阅读推广接受度

微信一经推出，作为一款社交软件就受到了人们的普遍欢迎，特别是受到了大学生的青睐，成为社交手机软件的首选，在高等学校大学生中用户基数巨大。

图书馆可以利用微信公众号，通过微信对学生做快速直接推送。阅读推广推送的内容有阅读内容、举办的活动、活动时间与地点及其他有关内容等。推送的阅读推广内容由于精准，关注率高、有效性强。微信在阅读推广中传播形式丰富，主要包括文本、语音、图片、动画、音频、视频、Web 网站链接等，多样的传播形式不仅有利于阅读推广，也易于大学生接受。微信还设计有多种有利于图书馆阅读推广的功能，以往的图书馆阅读推广，包括网站、手机图书馆 App 等应用活动宣传工具少，宣传手段落后，关注的读者也少，比较被动，宣传效果差。

在用户体验上并非所有网站、手机图书馆 App 等应用的用户体验都像微信一样好。网站与 App 的设计和开发水平不同，浏览方式对网络质量要求高，不确定因素多，可靠性低。无论计算机还是手机都要使用大量数据流量，对于大学生来说十分不便，且其流量费用高，导致大学生用户体验受到较大的影响。

2.微信阅读推广及时性强

微信作为包含即时通信功能的手机社交软件，可以随身携带，在推广活动中能及时服务到读者。读者将"图书馆"携带在身上，随时随地在微信公众号进行微信阅读推广，如信息发布、回答问题、读者咨询，及时有效。微信能为大学生读者提供方便快捷的阅读推广服务，读者通过微信平台也能及时收到图书馆所发送的阅读推广信息。之前的网站、手机图书馆 App 应用，读者需要提交阅读推广需求，图书馆工作人员需要进入系统的服务功能或服务系统才能看到读者提出的需求，再回复相应的需求结果。网站与手机图书馆 App 应用受服务模式的影响，及时性不强。

3. 微信阅读推广读者交互性高

微信阅读推广作为一款社交软件，具有良好的读者交互性。图书馆可以有效地与大学生互动，增强图书馆与读者之间的信息互动，满足读者个性化的信息需求。图书馆可以利用微信与个体读者进行沟通，向个体大学生推送在线阅读推广内容，满足个性化阅读推广的需求。网站和移动图书馆应用程序的交互性很差，受自身技术和使用成本的制约，难以满足个性化阅读推广的需求，难以实现和形成与读者的互动，无法有效满足高校图书馆的阅读推广需求。

微信是一个让读者参与阅读推广的社交软件。让大学生充分参与到图书馆的阅读推广中来，阅读推广将得到更大的发展。图书馆可以让大学生参与微信阅读推广活动，发挥他们的阅读能力。大学生通过参与阅读推广，成为阅读推广的主力军，使图书馆与读者之间的阅读推广界限不再泾渭分明，充分实现角色转换，有利于改善和加强高校图书馆的阅读推广工作。目前，我国还不允许读者参与高校图书馆提供的阅读推广服务。受自身技术和成本的限制，读者在使用 App 应用服务，特别是网站服务时，很难参与到阅读推广工作中。

4. 微信阅读推广高度分散

作为一个社交软件，朋友圈是微信的重要功能。读者可以通过微信的朋友圈与其他读者分享自己喜欢的内容。推动微信公共数字图书馆的建立，促进高质量的内容的推广。读者可以分享，如文本、声音、视频、图像等阅读内容。读者看到自己感兴趣的内容往往会点赞，会自发宣传，阅读向前扩展。因为微信用户的朋友圈是相互联系的，任何微信用户都可以使用他们的朋友圈作为信息传播的一个平台，以便信息的传播呈几何状扩张。也就是说，每增加一个微信朋友就意味着在微信公众平台增加了一个潜在的用户组。这种传播方式的传播能力非常强，充分体现了微信平台作为公共社交平台的力量。

（二）基于微信平台阅读推广工作的建议

1. 开设专门的高校阅读微信平台

高校微信阅读平台的建立应区别于移动图书馆。前者旨在促进校园阅读，后者旨在实现传统图书馆的移动、便捷功能。可以预见，未来很长一段时间内，阅读推广平台将与移动图书馆并立，但独立、专业的微信高校阅读平台的建立是可以期待的。作为以阅读推广为使命的图书馆微信官方平台，应增加菜单和栏目设置中阅读推广内容的比例，以直接反映阅读推广工作。图书馆推荐图书时，应允许用户进入移动图书馆进行检索，或直接将推荐的图书链接到可读的电子书界面，吸引用户深入阅读整本书，从而利用移动图书馆的功能，将碎片化阅读引导到精读，从而实现阅读推广。

2.科学设置阅读推广菜单

在对阅读推广进行科学分类的基础上，通过菜单和栏目设置充分体现微信平台的原则性和灵活性，将长期推广且无须频繁更新的阅读推广环节设置为菜单的名称，但需要更新或不便形成正常推广形式的借用信息推送栏目。例如，诺贝尔文学奖和茅盾文学奖的获奖作品可以包含在"好书推荐"菜单中，而"阅读主题"菜单可以包含不同作者的作品或不同作者的同一主题的作品。此外，在菜单设置中避免使用"阅读推广"等一般的菜单名称，增加体现个性化阅读的精细化菜单，通过点击菜单统计功能找到读者感兴趣的内容，进一步整合优化。

3.完善创新阅读推广栏目

各类阅读推广栏目、推荐书目和专题由于更新周期长，可固化成一个平台菜单，便于读者参考；定期有计划地推送活动、竞赛、文章、书籍等，加强推广效果，形成品牌效应。在推送比例上，应该增加诗歌欣赏等文章推荐信息，因为这些信息是微信阅读推广最直观的形式，一次阅读即可实现阅读推广效果。此外，要结合自身资源和特点，开发新的阅读推广形式，并注意借鉴他人的经验，如多维阅读，提高"立体阅读"的效果；扩大阅读，促进人群参与，加强"人类图书馆"的共享与互动；"book voting"，充分利用微信投票功能。

4.丰富信息内容的表达方式

内容为王，一直是新媒体的铁律。有学者指出，"读文本"已转向"读图片"，直观的微视频、图片等具有"微"特征的视听资源尤其受到读者的青睐。因此，结合新媒体阅读的特点，微信平台在进行阅读推广时，不仅要增加阅读推广的效果，而且要紧跟时代潮流，增加信息的表达形式，如图片、视频和音频，美化布局设计和适当地使用网络热词。

此外，还需进一步开发微信平台的新特性和新功能，如数据分析、定位、支付、游戏等，以激发学生的参与性，创建学生用户的在线社区地图，使微信推广成长为相对独立的校园阅读推广形式。

二、网络直播与阅读推广

网络直播利用并延续了互联网的优势。利用视频在互联网上进行直播，可以发布产品展示、相关会议、背景介绍、方案评估、在线调查、对话采访、在线培训等内容。这种方式表现形式好、内容丰富、互动性强、不受地域限制、受众可划分，加强了活动现场的推广效果。在直播结束后，读者可以随时重播或点播，有效地延长了直播的时间和空间，充分发挥了直播内容的最大价值。

随着网络视频直播的迅速发展，各种视频直播应用层出不穷。网络直播的兴起是一种符合互联网发展趋势的信息形式，它的出现无疑给人们的生活带来了巨大的变化。

网络媒体的影响力是巨大的，其广度和范围远远超过其他媒体。同时，国家信息化推广普及战略的实施，大大增加了正确使用和操作信息化设备的人数。如今，利用互联网可以进行电子商务（如淘宝、苏宁易购、京东商城）、电子政务活动（如办理证件）、金融服务（如银行、证券、产权交易）、通信（如腾讯QQ、新浪微博）、娱乐（如游戏、视频点播）等各种活动，它已经成为人们生活和工作的一项必要技能。

与传统媒体相比，网络媒体的突出特点是互动性。利用传统电视媒体观看体育赛事，信息传播是单向的，受众被动接受，难以实现互动传播。利用网络媒体观看体育比赛时，信息传播具有双向、互换性、互动性，观众参与效果明显。

现代生活和工作的快节奏使人们的活动范围不断扩大，时间跨度不断拉长，只有适应这种活动的信息获取方法才能得到公众的认可。例如，体育赛事直播依靠网络，使接收信息的时间和空间不受限制。特别是随着无线网络技术的快速发展，传输高质量、高清晰度、大容量的视频信号成为可能，人们可以在网络覆盖区域内获取体育赛事的视频信息，极大地方便了人们观看体育赛事。这种信息获取方法扩大了信息传播的无限空间，时空适应性更强。

（一）网络直播与图书馆阅读推广

1.网络直播与阅读推广的关系

网络直播是一种双向流通的信息网络发布模式，将信息同步向受众发布。阅读促进是图书馆和社会为培养公众的阅读习惯，激发公众的阅读兴趣，提高公众的阅读水平，促进全民阅读所做的一切工作的总称。

网络直播与阅读推广的相关性在于两者都符合传播的定义。沟通是指社会信息的传递或社会信息系统的运行。因此，网络直播和阅读推广是特定的传播手段。根据传播学理论，任何阅读推广活动都是为了推广主体、读者、推广对象等媒介要素在一定的时间和空间内进行设计、构成、组织和配置而产生的结果，通过它们之间的交互作用，达到如"促进知识共享、提高精神层次、获取有用信息和享受"等阅读目的。可以看出，网络直播与阅读推广相结合的过程是网络直播促进阅读的过程，而阅读推广也同样促进了网络直播的发展。二者相辅相成，促进了网络直播与阅读推广的共同发展。

2.网络直播资源与多媒体资源的关系

多媒体资源库是集合了图片、音频、视频等媒体资料，并基于网络进行信息检索和使用的资源库，其信息存储量巨大，使用方便，视听效果极佳。图书馆多媒体资源包括音乐、电影、讲座等视频、音频资源及数字媒体资源。网络直播资源作为一种新型资源，是多媒体资源的重要组成部分。网络播出后留存的视频也可以作为多媒体资源收入图书馆馆藏中供公众共享，为用户提供娱乐和文化熏陶。

（二）利用网络直播进行阅读推广的优势

1.及时展示现场情况

现场情况的实时记录和显示是网络直播的关键内容。读者独立参与阅读推广活动，由于场地、时间、读者人数的限制，现场可参加的读者人数有限。网络直播的优势在于突破了这些限制。直播后的视频回放功能和聊天室录制，也满足了无法实时观看直播或想重温活动亮点的读者的需求，所以直播后的点播视频数量往往会增加。

2.实现图书馆馆员与读者的在线互动

网络直播强调互动性，甚至有互联网从业人员说"没有网络直播互动，就不是真正的网络直播"。因此，图书馆在进行网络直播阅读推广活动时，必须改变传统的工作思路，活动的组织应充分考虑现场化，并适应网络中信息传播的互动性、线上线下密切合作的特点。

3.突出参与者的个性和表现力

由于主持人、嘉宾和现场读者是整个活动的主角，因此网络直播可以突出线上和线下参与者的个性和表现力，释放公众的表达欲望，体现"人人都是媒体"的新型传播模式。演讲者的观点可以被更多的读者理解，读者的反应可以引起更多的人的共鸣。另外，这种更直接的信息传递方式也使信息具有更高的可信度，获得更强的认可。

4.开辟宣传新战场

根据业务发展的需要，图书馆越来越重视宣传工作。传统的宣传手段包括利用图书馆宣传板、图书馆信息、短信、官网、微博、微信等相关平台，以及邀请报纸、电视、广播、网络媒体记者到图书馆进行现场报道。这些方法都有其自身的基础性和合理性，但也有其局限性，如时间和空间的局限性、订阅者的局限性、新闻采编过程的局限性等。

网络直播作为一种新的宣传方式，可以突破以上的宣传限制。依托网络直播平台，图书馆可以自主决定宣传的方式和内容，有利于发展更多的潜在受众，开辟宣传的新战场，具有更大的自由度、更多的选择性和更强的针对性。而这些都是传统的宣传手段难以企及的。

（三）基于新媒介的高校图书馆阅读推广策略

1.保证图书馆阅读推广的组织性、系统性、持续性

结合图书馆内部的实际情况，安排相应的管理人员策划和组织活动。为了保证相应管理部门的稳定性，可以号召学生和社会成员参与组织架构，最后通过组织内部的选举和评价确定部门成员和两名到三名管理人员。民主协商确定适当的组织管理制度，在实践中不断总结和补充，严格执行，规范组织成员的行为。加强与其他部门和协会的联系和沟通，在活动的策划和组织方法上采取多方协商、相互合作的方式。及时总结

活动的经验教训，调查了解参与者的想法，改进活动的方式和方法，坚持可持续性和长期性，根据参与者的反应完善活动细节，并添加其他的活动形式。定期开展阅读交流等活动。统计相关参与者的阅读清单和进度，安排阅读内容相似的读者分组交流，鼓励读者与他人分享阅读经验，以达到图书推荐和分享的效果。

2.加强与读者的沟通，扩大阅读推广的影响力

阅读会议是一种有效地接受读者意见并帮助读者解决问题的方式。此外，还可以继续利用馆长意见箱。读者可以系统、全面地总结自己的建议，以意见信的形式推动图书馆的阅读推广工作。了解并关注人们对电子阅读的依赖，合理恰当地纠正读者不良的阅读习惯，使读者了解阅读的本质，形成正确的阅读观。具体来说，高校可以在普通的课堂教学中提倡图书馆阅读的理念，向学生介绍良好的学习环境和氛围对阅读的积极影响，使学生认识到系统掌握知识的意义。为了满足读者对电子媒介应用的需求，还可以在一些网络平台上强调图书馆阅读的积极影响，培养读者良好的阅读素质。

3.多途径推动阅读推广工作

扩大图书馆阅读推广范围，提高资源供给质量，保持图书推荐栏、阅读标语、板报等传统阅读推广方式，不断丰富宣传内容；创办图书馆杂志、周报等，鼓励大家积极贡献，参与活动；设立专区，对内容进行分类，积极回应读者的意见和建议，使读者认识到图书馆对工作改进的重视，对图书馆活动更有信心。利用新媒体，建立合适的图书对接平台，在微信、QQ、微博等社交网络平台上建立阅读界面，建立文字交流公众号，实时发布部分文字内容。合理规划和丰富馆藏，积极了解读者的意愿，增加需求量大的图书的购买量，适当控制需求量小的图书的购买量；合理安排借阅操作流程，对数量少但借阅需求高的图书进行预约，限制借阅时间，确保读者能尽快借阅到自己感兴趣的图书；进一步完善电子资源，处理好各资源库之间的联系，投入足够的资金，确保资源共享的便利性，建立多种资源查询方式，包括计算机和手机客户端的快捷入口。

三、基于"互联网＋"的高校图书馆阅读推广活动

"互联网＋"代表着一种新的经济形态。它是指依托互联网信息技术，

将互联网与传统产业相结合，通过优化生产要素、更新业务体系、重构商业模式，完成经济转型升级。"互联网+"计划旨在充分发挥互联网的优势，将互联网与传统产业深度融合，通过产业升级提升经济生产力，最终增加社会财富。

"互联网+"概念的中心词是"互联网"，这是"互联网+"计划的起点。"互联网+"计划具体可以分为两个层次。一方面，可以分别理解"互联网"一词与"互联网+"概念中的符号"+"。符号"+"的意思是"加""并"。由此可见，"互联网+"计划的应用范围是互联网等传统行业。它是针对不同行业发展的新规划，应用手段是通过互联网与传统行业结合和深度融合。另一方面，"互联网+"作为一个整体概念，其深层含义是通过传统产业的互联网化来完成产业升级。互联网通过应用传统产业的开放性、平等性、互动性等网络特征，以及分析与整合大数据，试图厘清供求关系。再通过改变传统产业的生产方式和产业结构，增强经济发展的驱动力，提高效率，从而促进国民经济健康有序地发展。

（一）"互联网+"与阅读推广

1. "互联网+"阅读推广的优势

（1）读者满意度提高。在信息技术支持下，"互联网+"阅读推广模型适应了读者的阅读习惯和特点，可以有针对性地推动知识资源的个性化，这有助于读者充分利用互联网学习知识，有效利用业余时间，符合现代快节奏生活和学习的特点。

（2）读者的阅读投入减少。在"互联网+"阅读推广模式的影响下，图书馆提供的阅读服务不再需要大量的人力和地理空间来存储知识资源，从而降低了图书馆的资源成本，图书馆因此能为读者提供更多廉价或免费的阅读资源。同时，读者可以使用移动端App软件实现随时随地阅读，而不用浪费时间和金钱去特定的地方阅读。这两个因素都减少了读者在阅读上的投入。

（3）个性化阅读推广力度强。阅读推广是一种面向读者的在线服务，需要根据读者的意愿和喜好进行知识推送。因此，图书馆在互联网平台上提供在线服务时，必须对读者的意愿进行调查，或者通过数据收集和分析，总结归纳读者的兴趣爱好，形成一定的兴趣群体，然后将类似的知识资源推送到群体中，确保读者兴趣的可持续性。同时，对群体中个人的社交网络类型、学习专业特征、主要方向和休闲阅读类别进行分类，从而推出面向读者的个性化服务模式。结合完善的个性化服务反馈和评价，形成个性化的阅读推广特色。

（4）广泛发展读者群。读者群体发展程度是指读者群体在原有群体的基础上，通过阅读推广不断扩大读者网络成员群体规模。在互联网模式下，图书馆可以通过特定的 App 不断扩大读者群，将社会读者纳入高校图书馆的服务范畴，使阅读不再有边界，确保知识利用率的全面提高。同时，阅读不再受时间和空间的限制，让阅读成为可能。

（5）提高阅读推广服务效率。将阅读推广与"互联网＋"思维相结合，可以最大限度地发挥互联网技术的优势，实现低投入、快速覆盖最大范围人群。结合"互联网＋"的阅读推广可以更好地把握读者的阅读需求，为读者提供精准、个性化的服务。

2."互联网＋"高校图书馆阅读推广实践

目前，各高校图书馆都十分重视阅读推广工作，可通过举办各种各样的阅读推广活动，提高馆藏资源利用率和读者服务满意度。也可通过图书馆的馆藏、图书馆与校园其他部门的合作、跨校园图书馆的合作三种方式，推动阅读资源与服务的实现。这样不仅能够有效整合资源和服务，还能扩大读者范围，增强阅读推广的影响力。

高校图书馆传统的阅读推广方式主要有举办书展、举办讲座、推荐新书、图书漂流、阅读星级评价、查找图书、阅读交流会等。读者可以通过参加相关活动，分享阅读经验，获取知识，提高阅读能力。

"互联网＋"环境下的高校图书馆阅读推广，主要是指利用现代信息技术和互联网平台进行强化的阅读推广活动，如通过数字图书馆、微服务推广平台（如微信、微博等）、社交软件（如 QQ、BBS 等）进行阅读推广活动。随着互联网应用的快速发展，高校图书馆对"互联网＋"图书馆进行了不断的努力和尝试，在阅读推广方面取得了可喜的成效。

高校图书馆阅读推广实践的传统模式与"互联网＋"模式有明显区别。前者依托口头传播、书刊、实物展示等传统媒体平台，后者依托PC、微服务平台、智能系统等互联网传播新模式。前者是被动接收信息，缺乏有效的筛选过程，信息的接受和吸收程度较差；后者是主动选择信息，能更好地互动沟通，易于转换和有效利用信息。前者具有一定的时间和空间局限性；后者是在一个广义的环境中阅读，阅读量和内容是无限的、不断增加的。前者信息传播速度慢；后者信息传播速度快。

近年来，关于如何利用"互联网+"的发展机遇，做好学校读者的阅读推广服务，开始引起一些学者的关注，相关研究的重要性和深度也日益增加。

（二）基于"互联网+"的高校图书馆阅读推广策略

对于我国社会发展而言，加强文化建设十分重要，对增强我国核心竞争力具有积极作用。倡导全民阅读有很多意义。首先，它可以使公众更重视中国优秀的传统文化。其次，它可以聚集社会正能量，有效处理人与社会的关系。最后，它可以有效提高人们的文化教育和科学研究水平。高校图书馆的阅读推广工作，需要一个强大的学生志愿者和高素质的图书馆馆员团队，以图书馆资源共享平台和物理空间为实际载体，构建一个长效的阅读推广机制，传播和利用文献资源，这将给地方经济建设带来巨大的服务效益，为推进社会文化建设提供有利条件。

高校的阅读推广活动对我国的可持续发展至关重要，也是高校图书馆加强文化内涵建设的主渠道。高校图书馆组织的阅读活动，如阅读游戏、阅读短文、知识竞赛、图书捐赠、名家经典和图书推荐等，对社会公众的信息素养和阅读习惯有积极的影响。因此，高校图书馆应积极提高服务水平，研究新兴推广形式为公众的信息交流服务。阅读不仅是读纸质书，还需要结合新平台、新技术，基于微信平台、移动客户端和数字图书馆资源，进行线下和线上互动，激发学生的阅读兴趣，提高社会公众的参与度，不断扩大阅读的深度和广度，确保服务内容与用户参与模式相结合。阅读推广的形式和内容应从专业化和个性化的角度加以改进，大学图书馆应充分发挥其阅读推广的作用。

1. 组织有趣的阅读推广活动

目前，高校图书馆在推广全民阅读运动中的组织形式主要包括阅读节、阅读月和服务宣传周活动。内容包括校长推荐、人文讲坛、书评、真人秀、竞赛、专题书展图书馆、阅读演讲比赛、图书漂流、淘宝图书等。但高校图书馆的活动往往达不到预期，积极参与活动的人数不多。

调查显示，许多图书馆都出现过这种情况，要实现预期目标，使读者积极参与活动，如文化沙龙、旅行作文活动。图书馆要积极开展读者快乐阅读推广活动，并充分发挥高校资源优势，聘请教师开展主题讲座或推荐阅读方式，帮助学生成长。高校良好的阅读氛围和校园文化建设是一项长期的工作。高校图书馆需要组织更多有趣的阅读推广活动，营造良好的阅读氛围。

2. 构建阅读推广推送微服务

在"互联网 +"环境下，报纸、期刊、书籍等纸质媒体的吸引力明显低于电子读物的吸引力。由于现代社会的不断发展，社会公众的需求发生了巨大的变化，不再满足单一的纸质媒体。基于此，高校图书馆的阅读推广活动应与现代新兴技术相结合，鼓励学生积极参与各种形式的阅读活动。高校图书馆主要服务对象为全校师生，也为地方经济发展作出贡献。为了满足用户对信息和阅读的实际需求，高校图书馆应激发读者兴趣，通过对教学重点和专业特点的分析，把握读者的具体需求，提供专业化、个性化和碎片化的服务内容，并建立一套完善的阅读推广体系，构建资源服务平台，实现高校图书馆纸质图书数字资源的收集和应用。针对用户的具体需求多样化、即时性和移动性，高校图书馆可以通过移动化、微博化、微信公共图书馆号和类云服务等互联网新媒体形式进行推送和宣传，实现资源的微服务推广和利用，以用户为主体，积累多元化、个性化的服务内容，有效满足读者自我进步、自我学习的碎片化学习方式。

3. 改善高校阅读服务环境

高校图书馆的未来工作不仅要吸纳高质量的文献资源和数字资源，还要探索与读者正确合作的可能性，并为读者提供大量的背景资料，以确保读者能够实时获取他们所需的资源。高校图书馆需要从学校教师那里收集优秀的教学资源，建立在线开放课程或数字资源平台，如超级明星学术视频，通过互联网为学生提供学习资源。在"互联网 +"的环境下，图书馆可以采用"平台 + 个人"的模式，让读者自发地阅读、学习。高校图书馆与用户的互动将更加多元化。微信公众号有利于加强社交传播，能够有效获取更多潜在客户。合理应用新媒体和传统媒体能够扩大阅读推广诉求，激发用户阅读兴趣，从而促进全民阅读。

综上所述，"互联网 +"环境的推广为高校图书馆阅读提供了有利条件，有利于高校图书馆构建完善的阅读推广体系，使高校图书馆阅读推广服务规范化。开展阅读推广，高校图书馆应建立和完善推广策略，开发应用服务，引导用户阅读行为，这也需要全社会的努力和参与。在此基础上，中国公民的阅读量才能得到有效提高，国民素养才能提升至新的高度。

四、高校图书馆数字阅读推广的制约因素

（一）传统的纸质阅读习惯

对大学生数字化阅读的情况进行调查发现，大多数学生在没有考虑阅读内容的成本和重要性的情况下仍然喜欢纸质阅读方式。传统形式的阅读仍然是大学生阅读的主流方向，这可能与人们的阅读接触方式有关。从小学到大学，纸质教科书一直是主要的知识来源，人们也只有打开真正的书籍才会阅读，通过阅读报纸了解社会的发展。数字阅读是近年来才进入大众视野的，发展时间短，但速度快。网络上的数字内容是巨大的、混乱的，有价值的内容仍然需要人们自己去识别。有些信息是有害的，其内容也仅限于数字阅读设备。数字阅读改变了人们的阅读和教学方式。在大学生的学习和教师的教学过程中，必须对数字阅读的价值进行评估。调查发现，大多数学生喜欢阅读，也不排斥数字阅读。传统的阅读观念根深蒂固，有人认为真正有价值的阅读内容应该在纸上呈现，真正好的阅读内容需要学生反复咀嚼和消化。纸质书方便人们随时浏览和跳过阅读。但大学生更容易接受新事物。高校图书馆应该积极宣传数字阅读的特点，不需要彻底改变传统的大学生阅读的概念，但应寻求数字阅读的发展方向，让传统的阅读方式和数字阅读共生，相辅相成。在这方面，数字阅读推广还有很长的路要走。

（二）高校图书馆数字化程度不够

高校图书馆提供高质量的数字信息是学生进行数字阅读的前提，因此高校图书馆的数字化程度也影响着数字阅读的推广效果。通过问卷调

查发现，许多高校图书馆的数字化程度不够或仅仅只够满足学生的学习需求。图书馆未能更好地跟踪学生的需求。高校图书馆的数字化方向与公共图书馆的数字化方向不同，公共图书馆需要满足不同类型读者的需求；而高校图书馆的数字化方向要满足专业学习的需求，要求更多的学术信息数字化，针对不同学科选择不同的数字信息。而在数据库建设方面，高校图书馆要根据学生需要购买最常用和最具学术价值的数据库。只有有价值的信息才能吸引学生使用，这也是一种隐性的数字阅读推广方式。另外，有些高校的图书馆的基础设施已经跟不上学生的硬件设备需求。例如，高校图书馆的电子阅览室计算机过老、速度慢等，这都会影响学生进行数字阅读。学生使用图书馆数字资源需要借助电子设备，高校图书馆也应该提高硬件质量，为学生提供更好的数字阅读服务。

（三）图书馆馆员服务水平有待提高

近年来，高校图书馆开始重视数字阅读推广，并引进先进的电子阅读设备，以更好的服务促进学生更好地进行数字阅读。图书馆服务水平影响着学生数字阅读的好坏。调查发现，很多学生对图书馆引入的数字阅读设备并不了解，更不用说使用。引进先进设备后，第一次使用的应该是图书馆员工，图书馆人员熟练掌握数字设备使用方法后可以更好地引导学生使用，也能在软件和硬件库中提供更好的服务，维护数字设备硬件。因此，配备专业人员是必不可少的，只有这样学生在使用过程中遇到的问题才能得到及时解决，传统服务模式将得以改进。在调查中发现，许多高校图书馆除了在硬件上的服务还没有达标，对网络信息环境的管理也有待提高。如今，图书馆的网络环境得到了很大的改善，图书馆的电子设备上已经很难出现垃圾和不良信息，而在校园网覆盖范围外的其他区域则很难对网络信息进行管理。除了学校的电子阅读设备，要让学生享受到更好的阅读环境还需要进一步加强图书馆的管理。无论是工作人员自身素质，还是图书馆阅读设备所营造的数字化阅读环境，都需要进一步提升服务水平。

（四）大学生对数字阅读成本的接受度过低

在对大学生数字化阅读的调查中发现，无论是纸质阅读还是数字阅读，都是重要的阅读依据。那么哪种方式花费较低呢？大多数学生选择了免费的电子阅读。在大多数人的心目中，互联网上的所有信息是免费的，且使用方便。互联网上内容的版权问题导致很多网上的免费信息发布无法管理，很多真正有价值的信息是，如果你不买学校图书馆数据库信息等就无法使用这些信息资源。高校图书馆可以让学生免费使用数据库，但下载资料的费用是传递给购买数据库的费用。高校图书馆为吸引学生为学生提供免费学术资源。免费是吸引学生使用图书馆数字资源的一个重要因素，既然阅读成本是大学生进行数字阅读的影响因素，学校的数字阅读推广活动就可以围绕这一特点进行推广，吸引大学生参与到数字阅读中。

（五）大学生个人阅读素质不足

高校图书馆大力开展数字阅读推广活动，但如果学生缺乏使用数字资源的能力，即便是很好的推广活动也不能取得良好的成果。新媒体时代的数字阅读不再局限于简单的文本和图表阅读。新媒体时代的数字阅读结合了文本、图像、音频、视频等，大学生的数字阅读利用了所有的感官和认知经验，要求他们掌握更复杂的阅读技能，这是对他们阅读素养的要求。他们大多只能通过简单地搜索来使用学校的数字资源。数字阅读素养不仅是指指标阅读能力，还包括大学生数字阅读意识和数字阅读道德。其中数字阅读意识是指读者在数字阅读活动中所表现出的数字阅读知识和心理状态。数字阅读道德是指在数字阅读活动中表现出来的阅读道德品质，是新媒体时代每个读者都应该遵守的道德标准。

要提高大学生的阅读素养，首先，为大学生创造一个健康有序的数字阅读环境，尽量满足他们的阅读需求；其次，要在大学生中普及数字阅读知识，增强大学生在混乱的网络中识别有价值信息的能力，降低不良信息对大学生的影响程度，保证数字阅读的良好效果。高校图书馆可以通过数字阅读指导课程指导学生利用数字资源提升自身对抗不良信息的能力；还可以开展多种形式的数字阅读活动，在不同的数字阅读活动中提高大学生对数字阅读内涵的理解和掌握，在实践中完善自己。

（六）缺乏专门的阅读推广团队

要使阅读推广活动取得良好的效果，需要投入大量的人力和物力。

很多大学图书馆缺乏专门的推广部门，缺乏阅读推广团队，阅读推广效果不是很理想。完成阅读推广过程需要创新阅读推广的概念，在实施阅读推广计划的过程中，实施阅读推广，并对推广效果进行反馈。高校图书馆在引导学生阅读时，有责任做好阅读推广工作，快速发展的数字阅读推广需要技术人才的加入。一个好的阅读推广方式，需要图书馆有效的团队合作，只有这样才能达到更好的阅读推广效果。符合大学生的阅读习惯和阅读推广内容是对阅读推广活动的基本要求。而高校图书馆的很多阅读推广活动都是临时性的分散合作，很难进行早期调查与信息积累。对阅读推广活动的宣传效果也必须进行调查，推广效果评估的前提是更有效地推广阅读活动。促进数字阅读，需要图书馆员工使用新技术来监控阅读推广效果，高校图书馆建设专项阅读推广队伍势在必行。

五、高校图书馆数字化阅读推广的发展方向

（一）提高大学生数字阅读能力

大学生对数字阅读的依赖逐渐增加。但作为学生，他们与社会接触较少，正处于树立正确人生观和价值观的关键阶段。然而，网络上的信息是混杂的，如果学生缺乏辨别有价值信息的能力，网络上的不良信息将会对学生造成很大的影响。作为信息传递者的图书馆应不断净化网络环境，为学生提供良好的数字阅读环境。真正的网络环境的净化要求学生有能力辨别什么是自己需要的信息。学生需要有独立辨别信息的能力，图书馆作为信息传输途径要帮助学生建立正确的价值观，从学生主体出发，从根本上提高学生的数字阅读能力。同时，要不断指导学生利用互联网上的数字信息，定期培训学生，甚至开设相关的数字阅读课程。在适应社会的同时，大学生应该在网络中找到自己的价值，学会通过数字阅读提升自身能力，让娱乐化的数字阅读发展和丰富自身的知识。学生需要在学习和生活中改变学生的数字阅读习惯，只有提高数字阅读能力学生才能适应各种形式的数字阅读推广活动。数字阅读的推广是以学生的数字阅读能力为基础的，夯实基础才能更好地体现数字阅读的推广效果。

（二）加强高校图书馆数字资源平台的建设

从 1997 年 7 月《中国国家试验型数字式图书馆》项目建立开始，经过多年的发展和探索，我国的图书馆数字资源建设已经覆盖了各个行业，数字化程度也逐渐成熟，云计算和云存储等技术的发展为数字资源建设提供了极大的方便。高校数字阅读推广的目的是鼓励大家更多地使用和关注数字阅读。图书馆作为学生汲取知识的中心，首先要能为学生提供丰富的数字资源，图书馆数字化程度的高低也决定着学生是否乐于使用图书馆电子设备等先进技术。近年来，高校已经意识到数字资源对学生的重要性，并不断引入数字资源，在丰富自己的数字资源的同时，建设自己的数据库，自建的数据库可以自主收藏适合自己的特色数字资源，不追求资源的数量，而是追求"特色"。

数字平台建设的专业团队水平不同，获得的资金支持不同，数字化程度也不尽相同，图书馆应制定好科学、合理的计划，根据自己的能力进行数字化。高校图书馆需要考虑的第一个问题就是资金问题。如何争取更多的资金投入数字阅读的发展中，高校图书馆也一直在寻求如何在有限的资金范围内更好地开展数字阅读。高校图书馆独自完成庞大的数字化过程显然是困难的，这也是寻找其他有共同目标的图书馆或数字机构合作推广数字阅读的一个原因。合作开发图书馆数字资源无论是在财力上还是在人力上都能取得更好的效果，在馆际互借、数字资源共享等方面也能达成共赢。通过不同的合作方式，让学生与不同的图书馆工作人员定期交流，学习不同的管理经验，创新数字阅读推广方式，达到更好的推广效果。

（三）增进对新技术的了解

随着社会的发展，大学生接受和使用新媒体等新技术的速度越来越快。图书管理员应不断学习，了解学术阅读推广的新方向，寻求最贴近学生学习习惯的数字化阅读推广方式，学会使用数字化阅读资源和先进的数字化阅读设施，提高自身的信息素养，在学生遇到问题时及时给予解答。提高图书馆馆员自身的素养和专业知识水平也是促进阅读的一种方式。阅读图书馆数字内容及使用电子阅读设备需要图书馆专业人员指导，图书馆馆员掌握新媒体如阅读模式是学生进行数字阅读的前提。同时，图书馆也应引入专业人才，不断注入新鲜血液。图书馆的发展离不开人才，图书馆馆员在图书馆中扮演着重要的角色，是潜在的软实力。他们凭借着自己的经验为学生提供人性化的服务，弥补机器的不足。无论是对于学生还是对于图书馆，图书馆馆员都应有强烈的责任感，有良好的服务学生的信心，也要有良好的服务力量。他们承担着图书馆的社会教育功能，是社会发展的储备力量。图书管理员负责管理图书馆，数字阅读推广的成功是对图书馆馆员实力的肯定。图书馆馆员应不断提升自己，做好本职工作。

（四）提升大学生对数字阅读费用的接受能力

对于大学生来说，大学图书馆应普及数字阅读费用的来龙去脉，针对互联网上的免费信息，自觉抵制盗版。大学生普遍认为，可接受的书籍是有价值的，但很难接受网络文本生成的价值，尽管其传播成本非常低。在网络上，人们愿意接受免费的网络信息，网络资源的"自由"是大学生应该首先改变的观点。大学生作为未来社会的建设者，应该改变数字资源是"免费"的这一观点。图书馆在普及数字阅读的同时，也要努力改变大学生这一观点。例如，普及数字资源版权意识，要求大学生自觉识别网络上的虚假信息，尊重作者的作品等。网络上数字资源的版权混乱不能成为人们使用免费数字资源的借口。同时，相关部门也有必要对此进行管理。

（五）提高大学生的阅读素质

高校图书馆在致力于推动数字阅读的同时，也要注重大学生阅读素养的提升。大学生阅读素养的高低直接影响着学生阅读效率的高低。大学生阅读素养不足会导致选择阅读的内容不能为大学生带来有价值的信息。大学生必须重视提升阅读素养。不断提高自己的内在阅读认知，可完善自己的人生观、价值观、道德观。大学生的数字阅读情况也反映出他们的阅读素养，具体表现为对网络信息善恶的辨别能力，以及对数字阅读的态度等。阅读素养可分为阅读意识和阅读能力，其中阅读意识主要是指阅读目的、阅读态度、阅读情绪和阅读质量；阅读能力主要是指阅读要求的界定，阅读材料的选择，阅读策略的选择，阅读过程中的注意力、理解、想象、反思、记忆、信息利用等能力。数字化阅读的推广不断影响着大学生的阅读习惯，在潜移默化中提高了大学生的阅读素养。大学生阅读素养的高低直接影响着大学生能否有效使用图书馆。图书馆在提升数字阅读价值的同时也要提升大学生的阅读素养，引导大学生的阅读方向，改进大学生的阅读方法。

（六）建立全面的阅读推广团队

良好的阅读推广活动举办后，势必设立以图书馆为主的专门的推广部门，要求学校各部门同时参与。各部门应发挥各自优势，最大限度地促进学生的阅读，抓住更多学生的数字阅读心理，为学生提供个性化的阅读推广服务。同时，将阅读推广活动作为图书馆的基本业务，尤其是现在要推广的数字阅读，要求推广人员更加精细化、专业化。高校需要建立一个精准的部门，关注并管理从阅读推广活动的策划到最终的效果反馈的全过程。数字化阅读推广要引进更多专业人才，更好地掌握数字化阅读推广的最新发展，掌握学生的阅读心理，更有针对性地进行深度数字化阅读指导。数字阅读对大学生生活和学习的重要性不言而喻，推广部门要紧跟互联网的发展，与时俱进。

数字阅读如何促进高校图书馆的发展仍在探索阶段，使用新媒体等介质促进阅读也是高校图书馆追求的一部分，最终推广效果如何，尚不可知，需要投入更多的努力。大量数字阅读推广活动的结束，不代表推广部门关于推广活动的结束。高校图书馆的推广活动要创新推广方法来吸引学生，但对于新的数字阅读方式推广效果难以控制。例如，调查发现很多大学图书馆通过新媒体如微博、微信推动数字阅读，但真正的阅读效果是否和预期一样，还需要进一步调查。查看文章的观点和评论等，或者访问学生的阅读，通过学生的反馈，可以调整数字阅读推广方式或内容，真正做到有始有终。关于数字阅读推广的探索充满未知，一切创新数字阅读推广的方式，都需要关注其效果反馈，为数字阅读推广提供更稳定的平台。

（七）注重文化品牌建设

商品需要建立自己独特的品牌，好的品牌为自己带来更多的利益，阅读推广也需要有自己的品牌。数字阅读推广起步阶段需要从特色品牌建设的角度来被学生铭记。成功的数字阅读推广品牌的建立可以实现更高层次的影响。高校图书馆也应该专注于建立自己的数字阅读推广品牌，从而建立更多方面的合作。成功打造多个阅读推广品牌，以不同形式开展一系列推广活动，将使图书馆文化深入人心，促进图书馆的稳定发展，有利于数字阅读推广的深化。

（八）设立新型读者协会

通过阅读来结交志同道合的朋友，与不同的阅读爱好者进行不同的思想碰撞，是阅读的奇妙之处。大学生也可以通过图书馆设立读者协会进行定期的阅读交流，把兴趣相同的读者会聚到一起，经常在爱好阅读学生中进行不同的阅读推广活动，可以是实体的活动，聚集在一起进行交流体会，也可以利用现在新媒体的新功能实现读者协会人员的思想交流。例如，建立大学生读者微信群，在校大学生可以通过群聊的方式直接发布阅读的心得体会；也可以直接把好的文章、作者等分享在群里，通过链接直接进行阅读，开发新型的读者协会，通过群内数字阅读推广活动推动线下活动。新媒体的交流方式使阅读不再受地域和时间的限制，极大地符合了现代大学生学习习惯。图书馆举行数字阅读推广活动时，读者协会是反应比较强烈的集体，通过这些读者再把推广内容传播出去，形成放射性的推广效果。

第三节　高校图书馆阅读服务机制

一、高校图书馆学科服务平台

随着我国学科馆员制度的引入，学科服务已成为图书馆读者服务的重要组成部分。与传统的参考咨询服务相比，学科服务是一种积极参与的开拓性创新服务。它要求学科馆员深入用户的科研或教学活动，帮助用户查找并提供更专业的资源和信息导航，为用户的研究和工作提供有针对性的信息服务，这是图书馆创新精神和个性化服务特色的体现。

学科服务是高校图书馆为院系开展的一种全方位、多层次的服务，对学科馆员的素质提出了更高的要求。目前，我国图书馆馆员队伍结构复杂。近年来，虽然图书馆加大了对高学历、高职称人才的引进力度，但真正符合学科馆员素质要求的复合型人才仍然很少。图书馆仅依靠学科馆员来完成相应学科的服务是不现实的。因此，学科服务应由学科团队来完成，这符合我国图书馆的现状。

对于学科服务的特点，有学者按时间顺序介绍了学科服务自引入以来特点的变化。学科服务的发展大致可分为两个阶段：初始阶段和发展阶段。初始阶段完全依赖图书馆馆员的个人知识和能力，用户接触是这一阶段的主要特征。发展阶段出现了创新和突破，专职学科馆员开始出现，服务的深度、方式和内容都发生了重大变化，馆员开始嵌入服务。

多学科服务体系的设计思路如下：从管理制度、工作内容、职责分工等方面，对现有学科服务体系架构和工作流程进行重构，使学科服务能够无缝、高效地嵌入文献资源建设和读者服务中，从而进行馆藏文献资源建设，提供读者服务和学科服务。一个工作目标明确、权责匹配、效率和质量最优的多学科服务平台，可以充分发挥图书馆馆藏资源和学科馆员的作用，大大提高图书馆馆藏资源的适用性和利用率，并满足读者对信息资源的需求。高校图书馆学科服务平台主要包括以下三项内容。

（一）制度设计

1.流程再造

多学科服务体系工作流程再造，即建立围绕学科的文献资源和读者服务体系，由学科馆员承担，统一学科文献资源建设和学科服务工作管理体系，使各学科馆员能够整合学科资源建设和服务业务内容。

首先，学科馆员服务应与常规读者服务相结合。将学科馆员的工作转移到读者服务的第一线，将学科馆员的工作转变为经常性的读者服务工作。学科馆员要能够充分熟悉各类馆藏文献知识内容及其适用性，及时观察、接触和体验读者在使用图书馆过程中的行为和对文献资源的实际需求，及时准确地把握其需求特点，并运用自己的专业知识为读者提供服务。

其次，学科馆员服务应与文献采访相结合。由相应的学科馆员根据读者的需求和学科的发展，提出相应学科文献资源保障体系的组织和建设方案，从而形成适应各学科读者需求的文献资源体系，最后形成合理完善的馆藏文献资源体系。

2.责任与权利相匹配

要实现文献资源建设与读者服务的跨学科整合，必须加大学科服务在文献资源建设和读者服务管理中的影响力。在文献资源建设中，学科馆员必须在学科资源的战略规划、数据库评价和资源结构调整等方面具有与采访者同等的表决权。在读者服务工作中，学科馆员应兼任各读者服务部门（或地区）的负责人，并有权对服务工作进行协调、管理和评价。

（二）资源布局设计

为了便于管理，图书馆往往会根据文献的载体形式、语言类型、读者类别等进行文献布局和借阅区划分，使同一学科的文献分散在图书馆的不同区域。学科知识体系被人为地割裂，破坏了学科专业知识的完整性。其实，当读者对某一特定主题有需求时，并不局限于具体的书刊，而是希望尽可能地对该主题的综合信息进行综合分析和利用。因此，图书馆应彻底改变传统的文献资源布局模式，改变按学科属性组织文献的方式，在图书馆中构建类似学科分馆的学科综合知识库。

在各学科借阅区，不同载体、不同语种、不同时期的与学科组相关的所有文件都可以集中整理，并提供网络通信设备的数字资源访问，使这一组中外、印刷和数字，以及最新的图书、期刊、报纸等论文、参考书、光盘等各类文献资源，自给自足，集中布局，以便完整、系统地为读者呈现馆藏之外的一切。这些学科资源的各部分就像收集文献资源系统的单个细胞，可以使各种有机化合物的文献资源优势互补，使不同类型的文学读者需求发挥作用，以形成一个综合的学术文献保障体系，并最终形成所有集合的综合安全系统。

（三）构建以学科服务为核心的多位一体读者服务体系

图书馆是一个有机的整体，从资源获取、馆藏到最终的读者服务，每个环节都离不开学科服务。图书馆必须打破传统的优质学科服务的思维模式，将学科服务减少到信息输入和输出的各个环节，构建以学科体系为核心、适应读者使用规律的多学科服务体系。让每位有需要的读者都能享受到图书馆深厚、专业的学科服务。

1.融入读者服务全过程的学科服务模式

在以学科服务为核心的多元读者服务体系中，学科馆员成为文献采集和读者服务的领导者和管理者。他们直接领导着本地区学科资源的配置、布局和优化，是图书馆最熟悉本领域文献资源的资源专家。直接领导本学科读者的服务工作，是本学科最权威的服务专家。在这种服务模式中，每个学科图书管理员，如医院的主治医生或大楼的销售代表，对每个读者的请求完全负责。学科馆员是读者需求的调查者和分析者，是咨询和访谈馆员，是整个服务工作的协调人和管理者。换句话说，学科馆员是多才多艺的馆员，具有多重职责，读者可以通过他们顺利地得到想要的资料。

2.专业学科服务团队建设

为适应学科服务对象专业化、科研水平高的需要，图书馆应培养具有较高学术和专业知识背景、高素质的学科馆员，并根据其专业特长，分配到各大借阅区负责学科服务，使其充分发挥专业知识的优势与读者进行交流，同时开展专业领域的信息研究。在提供服务的过程中，学科逐渐形成了主体意识，掌握学术前沿信息，深入理解学者的需求，这使他们不仅成为图书馆的服务员，也成为图书管理员的助理，这必将使学科服务质量得到提高。只有这样才能真正树立图书馆服务的品牌。这是学科服务良性发展的最优路径。

二、高校图书馆信息服务平台

随着信息化的发展，信息资源逐渐成为国家重要的战略资源，信息资源建设已成为国民经济信息化建设的核心。信息资源对促进信息技术的快速发展、引导信息技术的发展方向、促进国民经济和社会的发展、提高全民族的文化素质和创新能力具有十分重要的作用。因此，充分利用信息资源、推进信息化进程、发展信息服务势在必行。图书馆作为文献信息中心，本着"服务第一"的原则为用户提供信息服务，对促进国家信息化的发展起着重要作用。

信息服务有广义和狭义之分。广义的信息服务，是指以产品或劳务的形式向用户提供和传播信息的各种信息劳动，即信息服务业范围内的一切活动，包括信息产品的生产和开发、报告的发布、通信和流通、信息技术服务和信息提供服务等。狭义的信息服务，是指专业的信息服务机构根据用户的信息需求，将开发好的信息产品以用户友好的形式及时、准确地交付给特定用户的活动，也称信息服务。

时代随着科学技术的飞速发展、不断演变，各行各业都发生了翻天覆地的变化。作为知识组织的图书馆也随着时代的变化，不断完善自身的功能，改变自身的服务方式，在满足图书馆的用户需求的同时，传统图书馆正在向复合图书馆转变，高校图书馆不再追求馆藏的规模，而是追求对学生需求的满足程度。为了适应时代的发展，提供更好的信息资源，图书馆必须提高服务质量和水平，明确服务对象、服务内容和服务策略，快速和有效地开展信息服务工作。否则，图书馆将面临常数危机损失，危及图书馆的地位，影响图书馆的发展，甚至威胁到图书馆的生存。因此，开展有效的信息服务、构建学生信息服务平台具有重要意义。

首先，信息服务是图书馆的基础，也是图书馆与学生用户沟通的桥梁。图书馆是社会公益组织，具有中介性质，一方面，作为信息资源的存储中心，为学生用户信息服务提供资源保障；另一方面，作为机构获取信息资源，通过信息服务满足学生用户的信息需求。

其次，信息服务是科学研究的前提，是文献信息资源价值实现的主要途径。硕士、博士等高校用户的科研工作是在前人积累的经验的基础上进行的。图书馆信息服务是借鉴前人经验的主要途径。图书馆作为文献信息的储存和供应机构，通过为科研人员提供信息服务，实现图书馆文献信息资源的价值增值。

综上所述，构建学生用户信息服务平台的根本目的是帮助学生克服沟通障碍，解决信息生产与利用的特殊性之间的尖锐冲突，使信息资源的充分开发与有效利用有机统一，发挥信息资源的最佳效能。

高校图书馆在进行个性化信息服务评价的过程中，需要参考很多因素，主要是信息服务体系、用户需求和使用的评价、同类行业的竞争等方面。高校图书馆应关注市场需求，及时处理用户反馈信息，建立完善合理的信息服务评价体系，更好地服务于用户的个性化需求。

定期分析用户需求，总结分析用户组经常反映的信息资源问题，重点整合信息资源。图书馆还需要实时跟踪用户需求的变化，有效、及时、合理的信息资源反馈服务机制可以为高校图书馆制定战略计划部署提供参考。在建立个性化信息服务反馈服务机制的过程中，要注意对用户隐私安全的保护。用户的个人基本信息是图书馆开展个性化服务的前提。只有保护用户的信息安全，才能更好、更全面、更有针对性地保障个人信息服务。

三、高校图书馆服务评价管理

近年来，人们对阅读的关注度不断上升，全球各国的图书馆都开展了各种形式的阅读推广活动。例如，美国有"一城一书"和"暑期阅读俱乐部"活动，英国有"家庭阅读项目"，日本有"阅读起跑线"活动。我国也提出了"全民阅读活动"，高校的阅读推广活动也在如火如荼地进行。然而，由于缺乏科学全面的评价体系，因此对于这些活动的效果，以及它们是否真的促进了阅读还不能进行有效地评估。

阅读服务作为图书馆多项服务的基础，在图书馆服务中具有不可替代的地位。西方图书馆界对图书馆学评价的研究始于 20 世纪 70 年代，至今已提出了许多有价值的理论，其中包括图书馆整体服务质量评价体系。然而，我国对图书馆服务评价的研究起步于 20 世纪 90 年代，除了借鉴西方的研究成果，并没有对阅读服务给予过多的重视。综观中西学术界关于图书馆评价的研究成果，关于阅读服务评价的研究很少，往往分散在对图书馆的整体评价中。公共图书馆和高校图书馆都没有形成一套阅读服务评价体系。人们对于阅读重要性认识的不断加深与阅读服务评价指标的缺失的矛盾，使建立高校图书馆阅读服务评价指标体系显得尤为必要。

对于高校图书馆阅读服务评价的必要性，主要从两个方面来认识。

一方面，从高校图书馆的视角来看。服务始终是图书馆的核心内容。高校图书馆阅读服务的方式和内容与以往有了很大的不同。高校图书馆的阅读服务主要是为了普及知识，提高大学生的阅读素养。然而，目前还没有一套完整的评价体系来评价高校图书馆阅读服务的效果，以及它是否真正起到了促进大学生阅读的作用。因此，有必要建立高校图书馆阅读服务的评价标准，从读者感知的角度评价高校图书馆阅读服务的效果。高校图书馆应从用户的评价中了解自身的发展状况，找出不足，总结经验，扬长避短，为其进一步完善和更好地开展阅读服务提供参考。

另一方面，从读者的角度来看。读者是高校图书馆阅读服务的对象。高校图书馆阅读服务评价是从读者感知的角度出发的。读者参与阅读服务，表达自己的真实感受。读者的意见和建议可以在高校图书馆中得到反映，从而促进高校图书馆的阅读服务，更好地满足读者的阅读需求。

高校图书馆的阅读服务是高校图书馆服务工作的一部分。高校图书馆阅读服务评价与图书馆服务质量评价有共同之处，但又有各自的特点。高校图书馆服务质量评价已从图书馆实体向以用户为中心的评价标准转变，强调从用户感知的角度对高校图书馆服务质量进行评价，主要从可行性、可靠性、反应性、保证性、移情性五个层面进行评价。

构建高校图书馆阅读服务评价体系的主要内容包括阅读服务资源与环境、阅读服务人员、阅读服务内容和阅读服务质量。从物理资源、人力资源、阅读资源的利用、使用方式、使用效果，以及用户的个人体验等方面，全面具体地评价图书馆阅读服务的效果。

（一）高校图书馆信息服务评价

1.高校图书馆信息服务能力的界定

在日常生活中经常提到的信息服务，是图书馆为广大读者提供丰富信息资源的基本职能。高校图书馆的信息服务能力是指图书馆在信息服务过程中的力量。简单地说，这种能力就是为读者创造价值的能力。"人才"是图书馆在资源利用、组织发展方面的力量，而人才的优劣也直接决定着图书馆的作用和管理活动是否有价值，决定着信息服务是否有效果。信息服务效果是图书馆服务能力的外在标志。

高校图书馆的信息服务能力以图书馆的各种资源为基础，是在图书馆信息活动要素的支持下，在服务过程中表现出来的力量。图书馆通过信息收集和处理，对现有信息资源进行再整合，改造基础资源和活动要素，满足用户需求，解决用户问题的能力是高校图书馆的核心竞争优势。

2.高校图书馆信息服务能力特点

（1）目标性。实现服务目标向具体实践的转变是高等院校图书馆信息服务的目的。同时，获得资源，积极创新，支持用户进行信息资源应用，从而提高服务的效益和效率，提供更加优质、深层次的服务也是目的之一。

（2）价值性。高校图书馆的基础资源包括信息资源、人力资源、物质资源和技术资源。"信息"作为贯穿服务过程的重要组成，既是服务的原材料又是最终产品。随着高校图书馆信息服务能力的不断发挥，信息的价值随之提升。而图书馆信息服务能力强，就可以为高等院校的教研活动带来更多的实际帮助和价值。

（3）渗透性。高校图书馆的硬资源和软资源是高校图书馆信息服务活动的基础，这些资源一起发挥作用，就会给图书馆信息服务带来渗入特性。所以，各式各样的信息资源的共同作用直接体现了图书馆信息服务能力，也贯穿到每个环节中。

（4）隐藏性。能力是一个隐形概念，单纯的图书馆资源本身不能直接构成服务能力，只有通过资源整合才能够体现。图书馆信息服务能力依附并潜藏于信息服务活动过程中，只有在信息服务过程中才能发挥和体现出来。

（5）间接评价性。能力、成绩、目的，它们之间存在着因果联系。能力贯穿信息服务全过程，对于信息服务功能的获得起着推动的作用。当条件一致时，能力和服务效果成正比，服务水平越高，用户的满意度也越高。但受能力隐蔽性和渗入性的影响，它不可以直接被测试和表现出来，必须通过对信息服务环节的检测来间接评价。

3.高校图书馆信息服务能力评价过程

（1）准备阶段。准备阶段是评价过程的第一步，同时初始过程质量的好坏对评价的质量也有较大的影响。这个过程主要包括评价对象的选择、评价目标和标准的确定。评价对象的确定是明确评价的入手点，确定哪些因素可以作为评价对象，也反映评估的主要目的。确定合适的评价目标和标准是建立正确评价体系的先决条件。评价目标的清晰度不仅影响评估对象的结果的精准与否，还直接对整体评估体系是否合理产生影响。因为图书馆信息服务能力不可以准确地衡量，所以评价目标确定时可选用定性方式。

（2）实施阶段。首先，确定评价方法。目前图书馆评价的方法主要包括层次分析法、模糊数学法、DEA法、LIBQUAL+法等。此外，还有一些专门用于某些方面评价的方法。其次，采集和整理评价信息。评价信息以及标准二者成正比，即信息量越多，评价的结果就越精确。再次，确立指标体系。指标体系的确立可以根据信息服务能力的影响因素设立初级评价指标，通过对专家、图书馆用户的调研获取原始数据，利用灰色评价法选取比较重要的项目作为最终的评价指标。最后，计算权重。权重是构成评价模型的重要组成部分，是衡量评价指标重要与否最直观的体现。

（3）处理阶段。首先，信息整合研究。在这个阶段，相关人员需要借助科学的手段对收集到的信息进行归纳整合分析，在处理的过程中，需要研究归纳图书馆的特征和存在的问题，肯定其特点，在客观的基础上提出问题，这有利于信息服务的改进。其次，结论总结。相关人员在信息处理的时候，必须进行有关结论的总结。

（4）检验阶段。首先，制定策略。评价不只是为了得到结果，而是要对其原因进行深入揭示，从而提出改正建议，使将来提供信息服务时有依据。其次，建立在评价基础上的新一轮评价。图书馆的评价是一轮又一轮的开始和循环，得出的结果是对上一轮的检验，也是促使图书馆不断改进自身服务质量的推动力。所以说，多对信息服务进行评价及分析是有必要的。

（二）高校图书馆服务质量评价

1. 图书馆服务质量的含义

图书馆服务质量就是"图书馆向读者提供服务过程中的服务行为和服务环境的具体表现"。对于服务行为而言，更深刻的就是服务行为提供具体服务内涵；对于图书馆而言，就是图书馆提供的服务内容。图书馆服务质量至少包括图书馆提供服务的内容、图书馆工作人员服务行为及图书馆服务环境三方面的内容。

2. 高校图书馆服务质量评估体系构建原则

（1）科学性。科学性原则是构建评估体系的首要原则。如果评估体系不能建立在科学的角度上，不仅评估体系自身的科学性受到影响，更谈不上通过应用该体系对图书馆进行科学的评估，促进图书馆服务质量的提高。

（2）导向性。评估能起到一定的导向作用，要充分发挥评估的导向性作用，就必须在建立评估体系的时候就考虑到导向性的原则。

（3）可操作性。可操作性是指评测人员能够比较容易地对各项指标进行评价，评价各项指标是否能够衡量图书馆服务质量。

（4）通用性和灵活性。建立的高校图书馆评估体系要具有一定的通用性，要根据高校图书馆的基本特点，同时要具备灵活性，即建立的体系要能改变，能适应不同的评估环境和评估对象。

3.构建高校图书馆服务质量评估体系需注意的问题

第一，不断改进读者满意率。

高校图书馆的服务宗旨是"读者第一，服务至上"，一切工作都要围绕读者展开。建立服务评价体系的目的是提高用户的满意度。高校图书馆要获取用户的满意信息，应采取多种方法和渠道，尽可能多地获取读者的感受信息，并对这些信息进行监控。图书馆还应采用适当的方法对这些信息进行处理和分析，作为对质量管理体系绩效的评价，促进图书馆服务质量体系的持续改进。

第二，服务承诺机制和投诉处理机制。

高校图书馆要为各级读者提供优质的服务，必须建立自己的服务承诺机制，提出自己的服务承诺，并尽力履行自己的服务承诺。其服务承诺应包括承诺以开放的心态接受读者对服务的监督、竭诚为读者服务、耐心回答读者的问题、保证有足够的开放时间、承诺及时更新藏书、以礼貌接待读者、承诺保护读者隐私。

投诉是高校图书馆服务质量体系监测和评价的重要手段。用户如果对承诺的服务不满意，则可以投诉。投诉反映了用户对服务质量的直接感受。图书馆应建立健全多渠道的服务投诉机制，投诉处理应及时反馈给图书馆高层领导，作为图书馆决策层开展重大改革的重要参考。图书馆要善于通过数据统计对客户投诉进行分类，找出图书馆服务中存在的问题。在此基础上，建立高校服务评价体系，主要包括两个方面。

一方面，评价第一方自我评价与专家评价的结合，包括图书馆政策、图书馆条件和服务三个方面。高校图书馆不是一个独立的组织，这些方面的完善和建设受到图书馆资金来源、学校领导和上级主管部门等其他因素的影响，图书馆自身难以完善。而这些方面实际上影响着读者对图书馆的使用。

另一方面，评价来自读者对图书馆的评价，包括读者满意度调查和投诉处理机制。意想不到的服务对于提高读者的满意度起到了非常积极的作用。对于满意率调查的样本量，可以采用全部或抽样的方式进行分析，使其能全面反映真实的顾客满意度。另外，需注意抽样的合理性，要有较强的代表性。

4.高校图书馆服务质量评估方法

评价指标体系建立后，更重要的是将其付诸实践，否则评价体系只能被搁置。在实践中，一方面可以评价相关指标体系是否合理；另一方面可以发现高校图书馆服务中存在的问题，提高服务质量。

一般来说，评价方法有内部评价和外部评价两种。内部评价是由图书馆工作人员进行的自顶向下或自底向上的评价。外部评价是对图书馆服务对象的评价。与内部评价相比，外部评价更有效，而对于图书馆而言，基于服务对象的评价明显比自我评价更真实有效。因此，高校图书馆服务质量评价应多采用外部评价方法，可以采用问卷调查的方式，也可以采用举办论坛的方式，还可以采用两者结合的方式。高校图书馆可以根据自身情况选择合适的评价方法。

第三章 高校图书馆信息服务与职能定位

第一节 图书馆信息服务创新的理论基础

图书馆服务是图书馆的基本宗旨，是贯穿图书馆发展的主线。早在1913年列宁就指出，图书馆最高的工作目标是"满足读者对图书馆的一切要求"。美国图书馆学家杜威提出，图书馆应当是在适当的时间，给适当的读者，提供适当的图书，他也强调了图书馆服务所遵循的原则。1931年，印度图书馆学之父阮冈纳赞凭借他的远见卓识提出了"图书馆学五定律"，突出强调了以读者为主，从功能的角度揭示了读者在图书馆工作中的主体性地位。由其延伸出的"图书馆学新五律"更是对服务精神的一种继承和创新。可见，无论是过去、现在，还是未来，服务都是图书馆之生命力之所在。目睹和感受当前图书馆的种种服务，不免引发我们许多思考。本节将重提戈曼和阮冈纳赞的新老五定律，这对当前图书馆的创新服务具有深远的现实意义。

一、图书馆学五定律

（一）阮冈纳赞的图书馆学五定律

印度图书馆学家阮冈纳赞（1892—1972年）在《图书馆学五定律》一书中提出了著名的"图书馆学五条定律"，即书是为了用的、每个读者有其书、每本书有其读者、节省读者的时间、图书馆是一个生长着的有机体。其影响甚为深远，得到了广泛的认同，被誉为"我们职业最简明的表达"。

1. 书是为了用的（Books are for use）。书不仅是为了收藏，更重要的是为了利用。图书馆所处理的信息资源无论是拥有还是存取，都是为了满足用户信息需求的。随着网络环境的逐步形成，传统的信息收集、加工、处理、储存以及传递方式将从根本上发生转变。现代化的服务手段为读者快捷、准确地获取网络信息提供了前所未有的方便，所有这些都最直接体现了"书是为了用的"这一原则。

2. 每个读者有其书（Every reader has its book）。这条规律说明了以用户为中心，面向用户服务的思想，应尽可能地向读者开放。同时，也表明了任何有信息需求的用户都应当能通过图书馆的信息服务获得满足，图书馆的信息服务是社会性的而非专指的。此外，它还说明了图书馆的资源建设要从用户需求出发，以用户需求为依据组织信息资源，可以保证用户需求得到尽可能地满足。

3. 每本书有其读者（Every book has its reader）。这条规律从不同的方向再次说明了图书馆资源建设的问题，即在信息资源建设的同时要考虑它们对用户需求的适合程度，提高图书的利用率。另外，它也说明了在把"以用户为中心"作为主导的信息服务过程中，不排除辅以适当的面向资源的常规性宽适应性的信息服务应用，以最大限度地挖掘信息资源潜力。

4. 节省读者的时间（Save the time of the reader）。图书馆应满足用户的信息需求，在现代网络信息环境下，图书馆要在浩繁的信息资源中为用户导航，以尽可能少的时间指引用户。只有排除信息噪声、干扰等才能获得针对性强的信息。图书馆要在资金来源、拣选、加工处理、最终提供的信息内容与形式等方面广开思路，通过与用户的充分沟通，提高信息服务的精准性，提高读者的查询效率。特别是尽可能使用户通过高增值性的服务解决面临的问题，节省宝贵的时间。

5. 图书馆是一个生长着的有机体（A Library is agrowing organism）。图书馆的本质是服务于社会。在不同时代不同社会信息环境中，对"用"有不同的解释与要求，因而图书馆必定呈现为一个不断演变发展的有机体。在现代社会信息化进程中，图书馆的信息服务功能将成为其核心任务而处于至关重要的地位，信息服务的能力将成为决定图书馆的发展潜力甚至其生存力的关键因素。总之，以人为本，服务第一的思想是保证图书馆这个发展的有机体保持旺盛生命力的思想灵魂。

美国著名图书馆学家兰开斯特曾撰文指出，这五定律从表面上看很通俗，但实际很深刻，它从根本上阐明了图书馆应该为之努力的目标。吴慰慈教授在他的《图书馆学基础》一书中指出，这五条定律都体现出"以人为本"的思想，对图书馆学的发展具有深远的影响，直到现在对图书馆工作都有着广泛的指导意义。今天站在社会信息化的历史进程中，处于新的信息环境下，我们发现要想对"书"与"读者"做更深广的解读，就离不开这五条定律，它们早已蕴含了图书馆信息服务的机制，也被图书馆界一直尊为经典理论。

（二）戈曼的新图书馆学五定律

戈曼先生于 1995 年在《未来图书馆：梦想、疯狂、与现实》一书中，提出新时代背景下图书馆工作所遵循的"新图书馆学五定律"，他也因此成为享誉图书情报界的权威。他自称站在巨人的肩上，在阮冈纳赞五定律的基础上提出了他的新图书馆学五定律。其基本内容是：图书馆服务于人类；掌握各种知识传播方式；明智地采用科学技术提高服务质量；确保知识的自由存取；尊重过去，开创未来。这新五定律是在新的时代、新的背景下提出的图书馆工作所应遵循的法则，它的提出既体现了随着时代的发展、科技的进步，图书馆的工作不断地出现新的内容，也体现了人们的认识在不断地深入。

新技术的发展和应用虽然给图书馆展示了一片光辉的未来，但通向这一未来的道路是艰苦曲折的。戈曼正是在对当前和未来的图书馆进行科学、理性地分析和预测的基础上，才提出了这五条闪光的图书馆学新法则。所以说，不管是新五律还是老五律，它们的精髓都是以读者为中心。对于图书馆来说，服务是最根本的所在。戈曼说过："图书馆事业是根据服务而定义的职业。"树立正确的服务理念为读者提供满意优质的服务，一直并将永远是图书馆头等重要的事。

二、高校图书馆信息服务创新的动力

（一）用户信息需求的多样化发展是信息服务创新的牵引力

如今，知识在不断更新，文献资源的增长和老化速度也在加快。建立在印刷型文献上的传统信息服务，已不能满足新形势下用户的信息需求。尤其是在网络环境下，用户的信息需求有了新的特点。

1.信息资源扩大化

网络化极大地拓展了高校图书馆的信息资源范围，使信息资源日益丰富，现在的图书馆不仅收藏传统纸质文献，并且正在从以纸质印刷型文献为主，迅速向以光电载体为主要特征的多媒体文献信息转移，向以数字化技术和网络技术为主要特征的"网络联机型"信息转移。据估计，目前电子出版物和网络发布的电子信息已占全球信息的40%以上，并且还在不断增加。人们可利用的信息资源，不仅有实时存在的馆藏文献，而且正在向着超越时空限制、高智能化的虚拟电子信息资源方向发展，信息资源的扩大化为人们利用信息提供了极大的方便。

2.信息需求多样化

网络时代，信息发挥着日益重要的作用，信息的作用被提高到空前的高度。人们时刻关注信息、捕捉信息，并从各个方面、各个角度提出信息需求。从国家机关、公司学校到团体组织和个人，从决策管理、教学科研、经济法律到日常生活都离不开信息。在网络化环境下，信息需求发生了巨大的变化，并呈现综合化、社会化、电子化、集成化与高效化等特点。这种信息需求的多样化，对信息服务提出了新的更高的要求。

3.服务方式多元化

目前，高校图书馆正在由传统的文献借阅服务，向多元化的信息服务转变。服务方式不仅有文献实物的外借阅览、信息宣传、阅读辅导、参考咨询、文献检索，而且有网上虚拟的外借、阅览、检索、辅导服务，还有电子邮件（E-mail）、文件传递、信息查询、电子图书、网上教育等多种多样的服务方式。图书馆只有采取多元化的服务方式，才能满足读者日益增长的、多元化的信息需求。

4.服务水平专业化

高校处在课程教学和科学研究的前沿阵地，高校图书馆读者的信息需求具有新颖性、国际性、专业化、综合化等特点，网络化的到来使这些特点更加鲜明。图书馆在为教学科研服务时，必须认真考虑以上特点，充分利用馆藏信息和现代信息技术，为读者提供高水平、专业化、综合化的信息服务。

5.信息需求精品化和层次化

由于用户的时间、精力和资金有限，图书馆提供的信息服务应能直接解决用户面临的问题，提高用户的个性意识和质量意识。面对众多的信息资源，用户只需他们感兴趣的信息中的一小部分，这些信息逐渐趋于微观化。同时，由于需求不同，因此层次也不同。

高校图书馆信息服务的用户群体主要包括行政干部、教学科研人员、各年级学生和研究生。这些用户对文献资源和服务有不同层次的需求。通过访问和调查了解到，学校各级管理人员非常关心学校的政治、经济政策和趋势，希望了解国内外教育和科技的发展趋势。他们需要全面的、开拓性的、指导性的信息。这类用户的需求主要是动态文献资源和第二类或第三类文献书目。高校教师的工作以教学和科研为主要特征，因此他们有各种各样的信息需求，在从事教学工作时他们希望信息是成熟、准确、可靠的。高校教师从事科学研究就要求获得新颖、全面、大量的信息。高校教师具有较强的信息接收能力和创造性研究能力，其信息需求具有高度的专业化。他们对某些学科专业、深入的文献信息有很大的需求，也需要涉足多学科、多方向的信息源。对于各年级学生和研究生来说，出于学术研究和论文写作的需要，他们对专业课题和前沿新知识等文献资源有很大的需求，尤其关注与国家、社会和自身相关的热点问题。他们既对成熟的基础理论知识感兴趣，也对前卫的新知识感兴趣。当必须完成课程论文和毕业论文时，他们会更加关注与自己专业紧密相关的学术信息。

总之，在知识经济环境下，用户的信息需求在广度和深度上都发生了定量和定性的变化。

（二）激烈的信息服务市场竞争是信息服务创新的外在推动力

在印刷文献为主要信息载体的时代，图书馆以其丰富的馆藏和娴熟的文献服务技能两大优势，在社会信息服务体系中占据着领先地位。然而，在知识经济时代，信息服务越来越社会化、网络化、个性化。在社会信息服务的大体系中，图书馆的主导地位越来越弱，其生存也面临着严峻的挑战。因此，信息服务环境的变化迫使图书馆不得不进行改革和创新。

在激烈的信息服务市场，面对日益增长的具有新的信息需求的用户，图书馆逐渐失去了现有的用户。图书馆要开发市场，获得可持续发展的能力，就需要重新定位图书馆信息服务系统，进一步研究用户的真实需求，以用户为中心开展服务，在信息服务市场中形成新的服务体系。市场竞争就是服务竞争，谁找到了需求，谁就有了服务创意和产品创新，谁就得到了用户，谁就会拥有信息市场。在激烈的信息服务市场中，除了与其他信息服务机构竞争，图书馆之间也存在着竞争。谁能不断创新，谁能提供更有特色的个性化信息服务，谁就能在竞争中立于不败之地。例如，西安交通大学图书馆正致力于建立呼叫中心，开辟另一个多元化、个性化的服务体系。该系统包括读者档案整理子系统、收集资源整理子系统、定制信息子系统、读者调查子系统等，通过提供传真、电子邮件、Web 浏览器、多媒体计算机接入等，使读者选择正确的方式和咨询服务（情报专家、学科馆员）互动。因此，图书馆信息服务创新是缓解外部压力的途径，也是有激烈的市场竞争中保持自身竞争力的条件之一。

第二节　高校图书馆的服务定位与服务内容

一、高校图书馆服务定位概述

定位提供了服务差异化的机会。每个企业的产品和服务在顾客心目中的满意度直接影响顾客的购买决定。服务定位的过程是一个行业经过一定时期的发展和演变，通过市场的反馈，对现状进行总结和反思，作出调整，然后再传达给目标市场的过程。在商业竞争中，客户的满意度一直是商家考虑的重中之重，良好的服务是必不可缺的重要元素。因此，服务定位是商业竞争中的必备利器，只有做好科学的服务定位，才能敏锐地感受到顾客所需价值和满足度，使企业立于不败之地。

作为非营利性机构的高校图书馆虽然性质与商界企业不同，但本质都是为了服务群体提供服务。近年来，随着时代的发展和科学技术的不断进步，一些高等院校的图书馆已经制定了发展规划，进行了全面定位，包括角色定位、目标定位、馆舍定位、馆藏定位、人员定位等。笔者认为，虽然每个定位都有所涉及，但不够系统化，缺少比较成熟的经验可供借鉴。因此，笔者拟从高校图书馆实际出发，进行整体的系统化定位。

（一）高校图书馆服务定位的内容

笔者通过查阅大量文献发现，关于高校图书馆服务定位的内容涵盖面很广，信息量也比较大，在这里不再一一列举，而是进行一个总结。高校图书馆服务定位的内容主要包括以下几个方面。

1.馆藏的建设

高校的发展要植根社会，为地方服务。美国教育家范海斯认为："大学是需要为社会和大众服务的，服务应该成为高校的主要目标。"随着市场经济的快速发展，越来越多的人需要更多的学习，需要获取更多的知识和信息，他们需要积极主动地去获得信息和知识。大学校园内的图书馆恰好可以满足大多数公众对信息和资料的需要，这种合作可以成为一种双赢。但要满足市场的需求，需要校内图书馆改变传统观念，从以收藏书为主要目的改为以使用书为主要目的，而收藏书可以作为次要目的。

2.文献查询功能的使用

图书馆提供的文献查询服务与传播知识和信息的服务有着本质的区别。这两项服务是高校图书馆为社会提供的两种途径的服务。其中文献查询服务是在开放图书借阅环境的条件下由市民进入图书馆进行查询和取阅资料，而图书馆的传播知识和信息的服务是需要图书馆主动走进社会，向公众提供知识和信息。图书馆如果想发展文献的查询服务，就需要更加积极主动地开放大部分的图书情报等相关资料，以备公众查询和阅览；也可以根据公众的需求，组织高校图书馆的专业管理员，就公众感兴趣的研究课题进行深入的现状研究和文献综述的整理，并根据公众的要求进行详细讲解。在此方面，国内高校的图书馆与国外图书馆的做法不同，大多数国外的图书馆十分注重对外提供的文献查询服务。如欧洲和澳洲所有高校的图书馆都是对公众全部开放的，公众可以在规定的时间内进入大学图书馆查询需要的信息和知识，其中在英国的高校图书馆中，普通公众的数量占据总读者的 5%。

3. 交流平台的搭建

面对市场经济的快速发展以及国际金融危机的影响，各国只有通过更加主动积极地获取知识，收集信息，学习技术，才能在激烈的市场竞争和危机中保全并脱颖而出。同时公众之间也需要互相交流，加强信息的流通，调整产业结构，扩大产业规模。大学图书馆可以利用自身优势，开展学习培训的项目，营造学习氛围，这样不但满足了公众对于信息和知识的需求，也为公众提供了信息和知识交流的渠道，为公众交流搭建了学习的平台，为公众之间的合作项目提供了时间和空间。

4. 社会教育功能的实现

大学中的图书馆应该是专门传播文化、技术、知识及科技的场所和平台，是物化的载体。《公共图书馆宣言》表明，图书馆是通过公众的力量培养精神文明的重要场所，对于教育和文化、提高信息和技术水平是一股有效的力量。大学中的图书馆可以帮助公众树立正确的、有意义的观念，可以增长公众的知识，对提升公民文化素质、建立社会主义和谐社会、构建学习型社会有着重要的意义。

（二）高校图书馆服务定位的重要意义

高校图书馆服务定位给予了高校图书馆事业发展非常重要的指导，其意义是非常明显的。

第一，从多角度对图书馆服务的理论和实践进行全面、深入的研究，反过来再用于指导图书馆服务工作，能够提高高校图书馆服务的质量和水平，满足经济、文化、科技、教育事业迅速发展的需要。

第二，作为具有公益性和服务性双重特点的图书馆行业，非营利性是其显著特点，服务大众又是其运营的重要目标。然而在我国推行市场经济的过程中，社会思想和价值取向多样性，导致图书馆服务偏离了其宗旨，高校图书馆服务定位研究，可以指引高校图书馆服务活动与社会地位、职能、权利和行为保持一致，引领高校图书馆事业向正确的方向发展，推动图书馆事业的理性发展。

第三，高校图书馆的服务定位，影响着高校图书馆的工作方向与服务方式，它对高校图书馆的建设、管理、业务开拓及团体文化进行指导。高校图书馆服务定位的确认，有助于提高高校图书馆在文化领域的竞争力，提升高校图书馆在社会文化中的价值，实现其服务于高校的最终价值。

第四，高校图书馆作为图书馆三大支柱之一，在符合我国国情和自身实际情况下进行服务定位，有利于加强高校图书馆之间的国际交流和学术研究。自改革开放以来，我国重视加强国际交流。中国图书馆在开展各种对外活动与学术研究中，不可避免地要与国际图书馆界进行交往或交流，高校图书馆的服务定位有利于推动我国高校图书馆的发展，也将推动中国图书馆界对自身进行更深入地研究。

（三）基于定位理论的高校图书馆服务定位

理论界付出了大量的人力、物力、精力，对高校图书馆的服务定位进行研究，并得到了众多学者的肯定和赞同，也为我国高校图书馆的事业发展开辟了很大的发展空间。但高校图书馆的非营利性，对它自身的发展必然产生一定的阻碍。想要彻底打破这种阻碍，最好的方法就是将高校图书馆看成一个处在市场经济中的竞争企业。企业想要在商战中生存，就需要潜心研究自身的企业文化、产品质量、产品定价、产品创新、服务群体、客户满意度等。最重要的就是顾客的感受，企业需要利用好定位理论。定位的基本原则不是去创造某种新奇的或与众不同的东西，而是去操纵人们心中原本的想法，打开联想之结。定位的核心就是走进消费者的心，消费者的需求才是营销的终极战场。如果将高校图书馆看成企业，那么图书馆定位的核心就是走进读者的心，这不仅需要高校图书馆在基本硬件设施上加大投入和建设规划，也需要扩大服务群体的范围，综合服务观念、服务项目和服务方式方法建立系统的服务体系。

二、高校图书馆服务定位与建设的关系

（一）高校图书馆服务定位是科学建设的前提

树立并落实科学发展观，要求我们进一步全面深刻地认识高校图书馆事业在社会经济发展和教育事业中的重要地位和作用，把科学发展观的精神实质和基本内涵全面渗透和融入高校图书馆管理理论与实践的各个层面中，保持高校图书馆与社会发展之间的互动性，提升高校图书馆为经济社会和人民群众整体素质的全面发展而服务的能力，实现高校图书馆自身的全面、协调、可持续发展。就高校图书馆事业而言，要按照《公共图书馆宣言》、国际图书馆协会联合会发表的一系列声明，明确高校图书馆的根本属性和社会责任，按照公益性原则，向读者自由地、平等地开放。

高校图书馆建设做得好，不仅能增加学生和教职工的幸福感与自豪感，也有助于我国图书馆事业的良性发展。近年来，我国高校图书馆建设力度不断加大，虽然成绩有目共睹，但不可否认，高校图书馆建设仍存在一些问题。想要建设好高校图书馆，就需要先做好高校图书馆的服务定位，只有做好服务定位，才能有方向、有目标、有计划地提出科学的高校图书馆建设策略。

（二）高校图书馆建设是服务定位的有效实施

高校图书馆的服务定位的必要性和紧迫性，笔者在前文已经做过阐述和说明，但仅仅做好服务定位是不够的，还需要通过调查问卷等调查手段客观地了解高校图书馆服务现状，并利用科学的分析方法从高校图书馆的现状中发现存在的问题，依据服务定位理论，针对高校图书馆现状制定有效的科学建设策略，使之能够有效实施。

高校图书馆的建设需要以服务定位为指引，把服务定位的内容作为建设的重点内容。只有紧随服务定位的步伐，根据服务定位的实质内容进行建设，才能使服务定位得到有效的实施。

高校图书馆的服务定位和建设，二者缺一不可。只有先做好高校图

书馆的服务定位，才能有方向、有目标、有计划地提出科学的高校图书馆建设策略；也只有及时根据服务定位对高校图书馆进行建设，才能使高校图书馆建设得到有效地实施。

三、MOOC 环境下的高校图书馆角色

哈佛大学 HarvardX 院长 R. 卢（R.Lue）说："在 MOOC 背景下，通过整合资源而创建新的学习经验方面，教师把高校图书馆视为关键合作伙伴。高校图书馆和高校图书馆馆员可以为那些希望更深入地探索知识的学生提供重要参考和指导。"由此可见，在 MOOC 环境下，高校图书馆一方面仍然是信息资源收集、存储、共享的机构，另一方面承担着收集、整合、编译、推广 MOOC 信息的服务角色。未来发展方式上，高校图书馆会在 MOOC 环境下发挥更大的功能和作用，会不断更新定义、不断实践，在 MOOC 发展过程中不断重设自身定位。

（一）MOOC 运动倡导者、高校 MOOC 教育领导者

在学校教育中，高校图书馆作为学习资源提供者存在，在社会教育中，高校图书馆承担着基本一致的角色。但延伸到 MOOC 教育环境中，目前高校图书馆的角色定义还不够清晰，其所提供的开放性资源和扩展性资源还不够充足。在 MOOC 教育理念最初的发展设定中，最重要的方向在于开放性，即以更加开放性的资源共享和传播方式，为受教者提供更丰富的高等教育资源。也正由此，在 MOOC 环境中，开放性和可扩展空间是两个非常重要的特性。反过来，开放性和可扩展空间也正是现代高校图书馆理念发展的重要方向。

在信息化的今天，在数字式、网络式的发展背景下，高校图书馆仍然是资源共享、信息传递、知识传播的积极推动者。高校图书馆在资源获取渠道上，追求的是最大限度的开放性渠道获取，这也促进了各种知识库的诞生，如电子高校图书馆、在线数字资源、在线阅读等。另外，在可扩展空间上，高校图书馆的这一特性间接推动了新兴高校图书馆的诞生和发展，如目前已发展到一定规模的移动高校图书馆、电子高校图书馆、掌上高校图书馆等。从这两点来看，高校图书馆是 MOOC 运动的倡导者。国内很多高校已经开始建立或者加入 MOOC 平台，也有很多

高校图书馆尝试参与了本校 MOOC 发展，但都还是担任配角。从 MOOC 的制作流程图来看，高校图书馆可以参与到绝大部分的步骤中。目前 MOOC 的发展处于迷茫状态，更有消极学者认为 MOOC 正在被遗弃。笔者认为，MOOC 只是存在一些待解决的问题，MOOC 的发展前景一片光明。

国内大部分高校已经涉足 MOOC。越来越多的高校图书馆开始对 MOOC 进行相关理论和实践研究。如果高校图书馆在 MOOC 发展中占有越来越重的地位，高校图书馆在 MOOC 发展之路上，将成为领导者。

（二）MOOC 资源共享者、学习空间提供者

MOOC 用户对 MOOC 环境教育模式最认同的一点，在于其开放、共享的基本理念出发点。这种开放共享式的教育模式与传统教育模式最大的不同点，在于传统教育模式具有不可避免的封闭性。受限于环境背景和基本教育方式，传统教育模式的这种封闭性很难被完全打破。MOOC 目前处于发展阶段，就实际反馈的教学效果，与其完全开放共享的基本教育理念仍有一定的差距。目前的 MOOC 教育仍然以教学录像为主要发展方式，这种方式在互动性上仍然不够完美，尤其在教学效果评价上，达不到预期目标，也缺乏充分的实践。正是这种不完美的现状，对于 MOOC 来说是挑战，对于高校图书馆来说是一次充分发挥高校图书馆作用的契机。高校图书馆可通过教学资源，尤其是教师资源的共享，成为 MOOC 环境中教学资源的重要展示途径。

高校图书馆可将教师资源分享至 MOOC 教育环境中，通过在线互动、模拟考试、考试评分、用户调查等方式，了解 MOOC 教学的实际教学结果，弥补目前 MOOC 发展的不足。从这个层面来讲，高校图书馆是 MOOC 资源的重要共享者。

在 MOOC 环境下，学习方式由传统的单一施教授教方式，发展为混合学习的方式。例如，视频音频方式的在线学习，包含在线讲堂类的同步在线学习，同时线下学习也结合其中，如讲师课件资源共享和用户学习笔记共享。例如，在线学习的虚拟空间、资源传播所需的信息载体空间、网络共享所需的空落空间。而高校图书馆，可以提供以上 MOOC 学习环境的全部学习空间，包含实体空间和虚拟空间。高校图书馆在提

供学习空间的同时，也能提供相关学习服务。由此可见，高校图书馆是MOOC教育环境下的学习空间提供者。

（三）课程制作与评估者

在目前发展阶段的MOOC教育环境下，视频课件仍然是最重要的教育途径。而视频课件的一个基本需求即是多媒体。一门MOOC平台课程，大约需要花费6个月来完成课程录像和视频编辑。MOOC课程教师制作课程，通常需要视频制作和视频编辑方面的支持，包含硬件设备支持和软件使用支持。对此，高校图书馆可以通过多媒体技术辅导提供帮助。高校图书馆为MOOC课程教师与MOOC课程学员提供视频支持，会成为高校图书馆工作的一部分。高校图书馆发展细分化，如嵌入式延伸发展至高等院校各专业院系，为院系项目研究工作提供技术支持。高校图书馆馆员也会被要求为MOOC课程发展提供软、硬件支持。

目前，对MOOC课程学习质量及效率的评估尚未形成一个统一的标准。在传统教育模式中，高校学生确定选课后，如果没有特殊情况，则必须完成全部课时、通过考试测验才算完成此门课程。MOOC课程无法对学习者到课进行强制性要求，学习者基本上都是根据自身情况、需要和想法来选择上课时间、地点和完成进度。如果学生觉得自己学好了这门课程或者没有继续学习的兴趣，那么选择在课程中途中断学习退出课程的可能性很大。因此，传统课程的评估方式及标准是不适用于MOOC这种网络环境下的新型教育模式的。

研究MOOC课程评估模式，需要收集大量、多种、详细的数据，如MOOC课程的服务对象、开课模式、用户群信息等，edX和Coursera已经逐渐开始收集这方面的相关数据。要大量获取此类数据，评估者不得不掌握MOOC课程注册学习者的信息及其学习方式方面的数据，在此过程中，高校图书馆作为数据存储库及分析师发挥着重要作用。高校图书馆馆员可以对学生的基本信息进行分类分析，使用计算机技术进行可视化处理，用直观的图表将结果展现出来，或是从纵向上掌握学习者学习的数据，进行完整的案例研究。

（四）信息素养培训者

在知识爆炸式发展的信息化时代，信息资源传播和共享是信息化发展的重要前提。高校图书馆的资源传播作用也在信息化时代得到了充分发挥。目前的公共高校图书馆实际上已经成为公共教育的中心之一，在城市化进程中体现得越发明显。而在 MOOC 环境下，高校图书馆的资源传播作用会得到进一步发挥，尤其是在信息素养培训方面。通过开放共享的方式，更多的资源获取者得以参与到资源共享的过程中，使教育资源发挥出了最大功效。但信息素养问题也逐步显现，如资源版权问题、资源使用条款问题、资源获取收费问题等。而高校图书馆可以帮忙解决信息素养培训问题。

（五）版权清理师

在 MOOC 发展过程中，不可避免地会产生版权问题。目前高等院校校内版权工作，基本是授予高校图书馆在做管理。这也促使许多高校图书在参与到 MOOC 教育中的版权厘清工作中来，这也是高校图书馆参与 MOOC 教育环境的一种重要方式。

MOOC 通常会产生两种版权问题。第一种是 MOOC 课程的原创内容不可避免地存在版权问题。在传统教育环境中，谁创作了内容，版权归属于谁。教师和学生都在做原创内容扩展，教师版权和学生版权会同时存在。但是在目前发展阶段的 MOOC 教育环境及平台中，版权问题与传统观念不太一致。MOOC 机构制作 MOOC 课程付出大量投入，所以版权问题，尤其是学生原创内容版权问题变得不单纯。通常学生在 MOOC 教育环境中，针对某项 MOOC 课程平台提交学生原创内容时，MOOC 平台会要求学生签订用户协议。该协议赋予 MOOC 课程提供者对于学生原创内容处理的权利，这就削减了 MOOC 平台中对于学生原创内容的保护力度。

第二种是来自课程使用资料的版权问题，这与高校图书馆有着密不可分的联系。导致这一版权问题的因素主要有两种。首先，MOOC 环境下的学生规模很大，并且完全有别于传统教育的集中教育，学生可能分散在世界各地，这样传统数字教学模式中的许可证模式便不再适用。其次，在 MOOC 教育环境下，MOOC 平台同时有着很强的商业性。

四、高校图书馆服务的主要内容

（一）外借服务

1.个人外借

个人外借是图书馆文献服务中最主要也是基本的方式，它主要指的是读者按照自己的需要凭借书证在馆内借阅相关文献。每个读者的兴趣、爱好都会有所不同，对文献的需求也会有所差异。通过个人外借，每个读者都能借到自己需要的书刊，可以满足读者千差万别的需求。所以，个人外借在各种外借方式中流通量最大，外借活动最为活跃。

高校图书馆的服务对象主要是教师和学生，这个读者群体阅读需求专业性比较强。在教学活动中，教师对教学用书特别是教学主要参考书的需求是大量的而且是经常的，品种、数量是比较稳定的。教学用书的流通工作是高校图书馆个人外借服务的主要内容。教学工作是有阶段性的，开学、上课、考试、放假，每个教学阶段的活动内容和特点不同，读者在不同阶段对文献资料的需求也会具有比较明显的差异。

2.预约外借

预约外借是指读者向图书馆预约登记自己所需的文献，图书馆将读者所需文献入藏或别的读者把文献归还图书馆以后，即根据预约登记的先后顺序通知读者到馆办理借阅手续的一种外借服务方法。一般来说，读者一时借不到所需文献，主要有以下三个原因：一是读者所需文献已经被别的读者借阅，暂时还没有归还；二是读者所需文献虽然已经采购到馆，但是还没有加工完毕，尚未入库流通；三是读者所需文献因排架出现差错，一时没有办法满足借阅需求。不管是哪种原因，只要读者所需文献归还图书馆或加工完毕入库流通，图书馆都将按照读者登记的顺序通知读者到馆办理借阅手续。所以，这种方法在满足读者的借阅需求、方便读者的同时，也对降低文献"拒借率"、提高馆藏文献的利用率有十分明显的作用。

3.馆际互借

馆际互借是指图书馆之间经过协商，在建立互借关系的基础上，相互利用对方的馆藏，以充分满足读者需要的一种外借服务方式。由于每个图书馆所收藏文献的范围、品种、数量比较有限，各个图书馆单靠本馆的藏书很难满足各类型读者多种多样的借阅需求。馆际互借则是保持各馆互通有无，使一馆之藏为多馆使用，使文献仅在一馆一地发挥作用转为全市、全省甚至在全国发挥作用的有效方式，是实行图书资源共享的重要手段。

4.通借通还

通借通还是指读者可以到图书馆任一分馆借，或者能够归还馆藏地为本分馆或其他分馆的可外借图书。通借服务主要包括两个方面的含义，一是读者可以到图书馆的任一分馆借书，二是读者可以在任一分馆或图书馆主页上委托外借其他分馆馆藏的图书。通还服务即读者可以在图书馆任一分馆归还其他分馆馆藏的图书，再由图书馆的工作人员将这些图书送到其所属的分馆。目前，高校的通借通还服务一般指的是在同一所高校的多个校区之间展开的此项服务。

（二）阅览服务

1.图书阅览

图书阅览是图书馆为读者服务的传统型的重要文献流通工作，不仅受到所有图书馆的重视，而且不断地创新和发展。目前，图书馆图书阅览的方式主要有以下几种。

（1）闭架阅览。闭架阅览主要是指不允许读者进入书架自由挑选，而必须由管理员根据所需书目进行馆内查找，然后交给读者进行阅读的方式。这种方式允许读者进入阅览室，但是不允许读者自己取书。这种阅览方式的优点是能够保证图书排架整齐、不遗失，缺点是不方便读者阅读，非常耗费人力物力。目前，这种阅览方式已经慢慢被淘汰。

（2）半开架阅览。半开架阅览主要是指图书馆利用陈列展览的形式，在闭架阅览的基础上，把一些流通量比较大的图书或最新入馆的图书放到特制的书架上，读者可以看到书脊或封面的内容，然后进行浏览挑选，通过管理员提取借阅的一种阅览方式。这种阅览方式也具有一定的局限性。虽然读者能够看到少部分的图书目录，但是读者整体预览时不方便，而且需要管理员进行管理，比较麻烦。

（3）开架阅览。开架阅览主要是指图书馆允许读者进入阅览室，并在书架上自由挑选取阅图书的一种服务方式。在这种阅览服务中，读者有高度的自主权。首先，读者能够进入阅览室，没有任何限制；其次，读者可以在书架上随意挑选图书，取阅文献。开架阅览可以扩展读者的视野，提高阅读的积极性，吸引更多的读者利用图书馆的图书资源。读者在以内容为依据排列的开架书库中，除了直接选择图书资源，还可以接触到很多原来不了解的图书，由此读者开阔了视野，启发了潜在的需要，增长了知识，扩大了阅读范围。开架阅览也能够使管理员从繁忙的进库取书劳动中解脱出来，有更多的时间接近读者，了解读者的需求，开展宣传辅导和信息咨询工作。因此，这种开架阅览方式深受读者欢迎，也是现代图书馆服务发展的一种趋势。

从图书馆借阅体制的发展来看，开架阅览已经成为众多图书馆的首选阅览方式，每个图书馆都应该努力创造条件，把开架阅览作为本馆为读者提供阅览服务的首选方式，为读者利用馆藏文献提供更多的便利条件。

2.多媒体阅览

（1）电子图书阅览。多媒体阅览室有一项非常重要的功能就是电子图书的阅览。随着电子图书的发展，越来越多的读者倾向于选择电子图书。电子图书携带方便、存储量大、传播速度快、传播费用经济，而且只要拥有载体，就能够随时随地进行阅读。它充分发挥了计算机作为信息传播工具的巨大优势，成为当前信息社会中传播信息的一股强大的中坚力量。现在已经有很多图书馆多媒体阅览室都开放了电子图书借阅业务，如超星电子图书，这使广大读者能够更加方便、安全、快捷地从电子阅览室阅览到所需要的资料。

（2）网络服务。随着通信技术、网络技术的迅猛发展，实现图书馆的网络化，为读者提供信息服务已经迫在眉睫。多媒体电子阅览室的网上服务主要是利用多媒体阅读设备，逐步向读者提供图书馆网页上的馆藏书目查询、个人借阅查询、新书通报、参考咨询等各项服务。读者还能够在终端上随意选择、翻阅网上电子图书，浏览互联网上的各种信息。同时，读者还能够利用阅览室中的计算机终端对所需的资料进行下载、打印、文件传输及发送 E-mail，进而使信息资源有效共享，为理论学习和科研服务。

（3）馆藏文献检索。由于多媒体阅览室系统与图书馆网络系统的联网，读者能够随时在多媒体阅览室的计算机上进行纸质文献的检索、续借、修改个人图书馆的信息等，极大地方便了纸质图书的流通和阅览。

（4）读者教育培训。计算机技术与网络技术的迅速普及与应用，一方面为读者提供了快速准确地获取信息的条件；另一方面对读者的现代化检索技能提出了挑战。由于读者知识、水平不同，他们在计算机操作、数据库检索、网络浏览等方面的掌握程度也不同。因此，不管是信息检索还是资料阅读，读者都需要一个熟悉与掌握的过程，这就需要对读者进行检索方法的培训。另外，网络资源虽然非常多，但是缺乏专门的机构来规范和整理，使读者检索信息犹如大海捞针。因此，对读者进行教育和培训，就显得尤为重要。而电子阅览室强大的计算机设备和网络环境，正适合进行读者教育培训。

（三）参考咨询服务

1.口头咨询

口头咨询是指咨询人员根据客户提出的相对简单的问题以口头形式给予回答的咨询服务活动。其多用于一般性的事实或知识性答询，只适用于时间比较急、精确度要求不高、内容比较简单的场合。咨询人员不需要经过查询就能够及时向用户当面解答。口头咨询的内容没有预见性，这就要求咨询人员具有较广的知识面和灵活的应对能力。

2.电话咨询

（1）培养电话接听技巧。咨询人员的态度是体现服务质量的重要标准，在聆听读者咨询时，应该能够保持思维敏捷，边听边记录，根据已知信息确定检索的主题和检索的范围及方向。

（2）配备必要的检索工具。电话咨询要求参考咨询人员迅速作出回答，所以应当配备必要的参考信息源及相关设备，参考信息源越丰富、越完整，咨询工作效率就越高。经常使用的参考信息源主要有以下三类。一是基本检索工具，如《中国图书馆分类法》《百科全书》、年鉴、手册等。二是自建参考信息源，如专题剪报、各种宣传资料等。如果剪报量大，应为剪报编制主题索引，方便查询。介绍馆内活动的资料是必不可少的，如各阅览室的开放时间、办证的注意事项、专项活动的安排等，一旦情况有变化，必须及时更新。三是计算机的配置。计算机的配置对参考咨询工作效率有很大影响，在解答网络信息检索、图书馆电子资源使用等问题时，更是离不开计算机和网络。

（3）培养应变能力。电话咨询人员应具备良好的心理素质和应变能力。在电话咨询过程中，一些纠缠不休的读者，有些读者可能因为对图书馆工作有意见而借此发泄，甚至会有无聊的恶作剧，对咨询答案不满或等待答案时缺乏耐心的读者也可能对咨询人员的劳动不予尊重。这要求电话咨询人员能够灵活地处理各类电话，善于借助语言化解矛盾，使电话咨询成为一次双方不见面的愉快合作。

（4）限制电话解答时间。为了保证通信线路的畅通，应该对通话时间进行适当地控制，尽量在控制时间内解答完提问。如果问题比较复杂、检索比较费时，则可以设定回答时间，约请读者过些时间再打进来。这样既可以给咨询人员留足检索时间，又使读者不必等待太长时间，不至于影响其他读者使用电话线路。

总之，咨询人员的目标应该是鼓励读者给图书馆打电话，以求最大限度地利用图书馆的信息资源。电话咨询适用于用户的事实型咨询，可以方便地服务于不能到馆却有需求的用户；缺点是由于咨询问题的难易程度不一，咨询人员对问题的解答可能不及时或最终解答时间不能确定，往往会造成用户多次电话询问而无果。

3.虚拟参考咨询

（1）实时问答咨询。实时问答咨询即用户和图书馆馆员实时在线，一问一答，是一种交互式的服务。它保持了传统的面对面咨询中的实时交互能力，由参考咨询人员在网上的虚拟社区直接"面对"用户，即时回答用户的咨询。用户也可以就自己的问题和参考咨询人员讨论或反复提问，直至获得满意答案。

（2）电子邮件咨询。电子邮件咨询是指，在图书情报机构网站的主页或某个网页上设立"参考咨询"或"询问图书馆人员"链接，通过该链接可咨询问题，以电子邮件方式将答案送给用户。

（3）学科咨询。公布若干咨询专家，以及他们擅长的学科范围和咨询项目，用户可直接向专家咨询。

（4）知识库检索。知识库检索是将具有一定知识含量的问题及其答复，按照统一的元数据格式存储在数据库内，供用户检索和使用。

（5）合作数字参考咨询服务。合作数字参考咨询服务是由多个成员馆联合起来形成的一个网络化的虚拟数字参考服务系统，按照一定的标准和协议，面向更大范围（甚至是全球网络范围）的网络用户提供数字参考服务。

第三节　高校图书馆的服务职能与评价

一、传统图书馆服务职能

（一）尽力悉心保存人类文化遗产

收藏典籍，保存人类文化遗产是图书馆的基本职能，也是其他一切职能的物质前提和工作基础。如果没有这一职能，其他职能就不会发挥作用。图书馆从其诞生之日起，就担负着保存人类文化遗产的使命。从文章到图书以至所有文献资源都是图书馆收集、整理、分编、入藏、传播和服务于公众的对象。如果没有图书馆的存在，不知道会有多少的美文佳作失传。可以说，人类文化遗产——物质文明和精神文明的重要成果，绝大多数都是由图书馆的不懈努力而完好保存下来的。

（二）传递科学情报

图书馆收藏了大量科学文献资料，它是汇集科技最新成果的情报基地，也是组织、利用世界图书文献的基地。图书馆进行科学文献情报的传递工作，不仅为科学研究提供所需要的图书资料，还传播最新的科学知识和科研成果，指导科学研究的现状和发展动向，帮助科学工作者掌握世界上科学研究的先进水平和进展趋势，以便其确定研究方向。世界上工业发达的国家都高度重视图书情报工作，把它当作一种"国家资源""无形的财富"，与能源、材料相并列，作为发展科学技术的三大支柱。基于这一认识，人们认为充分挖掘和利用图书情报资料，如同开采自然资源一样，具有非常重要的意义。

（三）开发智力资源

图书馆是开发智力资源的最佳场所。智力是人类特有的心理活动，是人们认识能力和实践能力的总和。智力的优劣可以反映出人们认识客观世界的正确程度和水平高低。构成智力的五大因素（观察力和注意力、记忆力、思维力、想象力及判断力）均与信息息息相关。因而图书馆被誉为知识宝库、信息枢纽和智力资源。同时，学习是开启智力资源宝藏的钥匙。图书馆积淀着厚重而宏大的科学文化底蕴和内涵，营造了温馨、舒适、便捷的读书学习氛围，是开发智力资源的理想场所。

二、图书馆服务职能的转变

（一）服务方式多样化

1.举办展览

举办展览是拓展图书馆服务职能的一项重要措施。它是一种宣传社会主义精神文明和物质文明建设成果，对读者进行教育的有效形式，并能定期向读者提供新书目及专题资料索引。

2.更好地开展信息咨询服务

开展信息咨询服务是现代化图书馆的一项主要职能，是图书馆信息服务的高级服务形式，也是图书馆的基本服务项目。咨询服务工作开展得好坏是衡量图书馆的社会地位和影响作用高低的标志。其目的是提供目录导引或解答用户咨询的问题，运用计算机帮助用户查找所需信息。信息咨询服务属于知识密集、技术含量高、社会效益显著的综合性服务行业，以深层次开发文献信息产品为基点，大力开发具有高度准确性、真实性和较高的科学价值，以及长远效益的信息产品。

因为充足的信息资源是信息咨询服务的物质基础，所以要建立各类信息咨询机构，如文献的代查、代译，开展培训，资料复印、检索，信息发布，成果转让等。建立图书馆信息服务网，加强馆际交流与合作，互通有无，充分利用图书馆的资源最大限度地实现资源共享；改变过去等人上门的被动服务，积极主动地为社会服务。为方便读者获取所需资料，各种信息机构可以编制二次文献的数据库，扩大用户可利用资源的范围，科学地处理"藏"与"用"的矛盾，从而使图书馆逐渐成为文献信息服务中心，大幅度地提高图书馆馆藏资源的利用率；满足读者对各类信息的需求，提高咨询服务水平，扩大服务对象范围，增加市场竞争力；为宣传媒体提供常规性的专栏资料，并收取合理的费用。

3. 开展定题服务

所谓"定题服务"，是指图书馆的信息服务人员，根据教学、科研、生产的实际需要，选定有关重点研究课题或亟待解决的关键性问题，深入地、全程地提供对口的文献资料，为读者用户服务，直到研究课题完成，或者关键性问题得到解决。这种服务也称跟踪服务，具有主动性、针对性和时效性的特点。

图书馆的信息服务人员在开展定题服务时，首先要深入实际，主动了解教学、科研或生产的进展情况，在了解用户课题需求的基础上，选定服务课题，主动与用户沟通，并运用自身的业务知识充分了解馆藏文献，进而开发信息资源。采取编制专题文摘、专题索引、专题综述与述评、专题参考资料等形式主动、定期、有选择地将该课题所需要的最新信息、准确数据提供给用户使用，帮助用户解决问题。这种服务形式能够起到积极的先导作用，避免用户走弯路。既节约了该特定用户查找信息的时间，又有效地利用了文献，提高了服务质量。

4. 开展馆际互借业务

馆际互借是馆与馆之间在文献信息资料利用上互通有无，互为补充，为读者提供服务的一种方式；是扩大馆藏资源，实现资源共享，充分满足读者需求的主要手段；是图书情报部门进行文献资源协调共建的主要目的。联合目录是开展馆际互借的必备工具，能迅速、准确、及时地反映馆藏的流通状态，使互借申请具有针对性，检索途径多且便捷，方便读者利用。区域性馆际合作的开展，能使图书馆文献资料收藏的有限与读者需求无限的矛盾在一定程度上得到缓解，极大地提高其流通率和利用率。

5. 建立信息服务网络

任何一个图书馆所拥有的馆藏文献都是有限的，所提供的信息产品也是有限的，所以应该有利用现代化的网络技术及图书馆之间的协作优势，提供全文本、超文本及多媒体的信息服务。信息服务网络使用户在查询中央联合目录数据库时，能从系统的任意一处查询网上的内容，使所有入网的用户可以不去图书馆，就能够通过自己的终端上网检索自己所需的文献，使图书馆的信息资源得到充分地利用。

6. 开展创新服务和特色服务

创新服务主要是指图书馆的现代服务，也就是说图书馆参与科技研究，把最新的信息以最快、最准的形式提供给科技人员。只有这样才能直接或间接地创造出相应的社会经济价值，展示图书馆人员自身的价值。特色服务就是图书馆的服务形式、服务内容、服务效果的完美统一。图书馆在做好常规服务的同时，应根据现实的需要与可能，选定某个专题或领域作为自己的优势。在一、二、三次文献的收集、加工和提供利用上进行整体规划，形成特色，这样图书馆就能集中优势，对某个服务领域进行重点开发，为用户提供独具特色的信息服务，以满足信息用户的特定需求。

（二）建立合理的规章制度

高校图书馆应建立岗位考核、奖惩制度、业务档案、业务统计等相关制度；调整岗位结构，根据图书馆员各自的特长设岗定量，充分发挥全馆人员的积极性；强化图书馆的管理，对业务操作规程实行必要的检查，以便更好地修改完善规章制度；合理地调拨和安排人力、物力，努力做到人尽其才、物尽其用。

（三）提高图书馆工作人员的服务水平和服务能力

首先，优质的服务是深化图书馆的改革工作、促进图书馆事业发展的重要保证。图书馆的读者服务是处于第一线的，工作人员每天要接待很多的读者，不但要为他们提供各项服务，而且要组织、宣传、推荐图书和组织指导读者阅读，工作非常繁忙。因此，图书馆工作人员既要树立"读者第一""服务至上""全心全意为读者服务""急读者之所急，想读者之所想"的思想，又要努力提高自身的业务水平，强化服务意识。

馆员不仅要具有图书馆学、情报学等专业知识，还应具有一定的外语水平和一定的其他相关学科的知识。

其次，为了适应信息时代的发展，图书馆应该尽快培养一批名副其实的信息咨询、信息检索、网络分析等专业人才。由于用户缺乏应用现代网络技术进行查询检索的知识与技巧，容易造成误检和漏检，图书馆应以举办业余讲座、短期培训班等形式对用户进行分期分批的培训，重点向他们介绍检索方法和技巧，创造条件积极主动地与用户交谈，与用户共同制定检索策略，以使其获得满意的检索结果。这不仅有利于提高用户的检索水平，提高检索的速度和质量，而且提高了服务层次和质量，更好地向各类信息用户提供优质的服务，适应社会的需要，赢得信息用户的信任和支持。

总之，图书馆实行多种服务模式并存、灵活有序的综合运行机制，能够有效提升工作人员的素质，更新其知识结构，提高其服务技能和水平，使其积极主动地提供高效优质服务，能够使图书馆服务工作适应市场经济的需求，能够在广度、深度上有所发展，进而充分利用图书馆资源，使图书馆的服务工作迈上一个新台阶。

三、数字图书馆服务职能转变

（一）服务时空得到了拓展

现代网络图书馆的特点就是资源共享，只要会上网，人人都可以免费浏览图书馆公共信息资源，也可以根据个人的需求，在网络授权的情况下浏览特定的资源。所以，网络服务的空间突破了原有的在校师生的限制，面向社会化、无地域化扩张。同时，在服务时间上也不再受限制，可以实现 24 小时资源检索，图书馆通过网络可提供即时咨询、检索、传递等动态服务。

（二）服务内容得到丰富

传统的图书馆仅限于图书、期刊、报纸、工具书等传统的资料检索。而现在的检索内容已经扩展到生产动态、科技报告、专利资料、产品样本等诸多方面，信息内容领域由单一向多元化发展。

（三）服务群体得到扩大

传统的图书馆仅限于服务学校的师生，用于教学科研或学习等。而如今，适应数字化技术传递空间的无限性和社会的广泛需求，现代图书馆的服务向社会生产、生活服务方面扩展，对图书馆电子资源的需求也在不断扩大。

（四）服务模式呈现互动化

传统的图书馆的服务是单一的，即馆员向读者提供信息服务、导读服务等。当今读者将根据自己的需要，向图书馆主动提出检索需求，从而推动了图书馆对现有文献的深度研究、分析和开发。

四、高校图书馆信息服务能力评价模型

（一）评价模型构建的基本原则

影响高校图书馆信息服务能力的因素复杂多变，这就要求在对其进行评价时，评价指标要丰富且具有层次，评价模型要合理、科学。为了保持评价模型的科学性、完整性，在建设高校图书馆信息服务能力评价模型时也必须以一定的原则为前提。经过综合分析各类评价模型的构建原则，结合本研究实际情况，最终确定构建高校图书馆信息服务能力评价模型应遵循以下原则。

1.科学性原则。在构建模型过程中，影响高校图书馆信息服务能力的主要因素包含在子评价指标中，指标选择应简洁、清晰、准确，尽可能做到内容丰富、层次分明、结构合理。

2.系统性原则。评价模型各指标之间应有一定的逻辑关系，各指标层内指标应与高校图书馆信息服务能力各层有一定的关系。只有评价模型指标与评价主体融合在一起，才能利用数据对其进行评价。

3.定性评价与定量评价相结合原则。定性评价是指评价者根据其价值观与历史观对评价对象进行概括性、总体性的评价。定量评价是指评价者根据数据对评价对象进行具体精细地评价。而将这两种方式相结合来进行评价工作在科研评价过程中已经成了一种共识。然而，在人们正

常工作中往往会遇到一些无法被直接定量测评的主观评价指标，这时就必须借助一些其他的评价办法，如评分法，来将这些评价指进行转化，转化为可用数值表达的指标，也就是说定量评价需要将定性指标定量化、规范化，为其打下基础。

4. 通用可比性原则。评价模型的建立，不仅只为某一所图书馆服务，还需要对其他图书馆进行测评。这就需要针对各类型图书馆的共同特征进行归纳总结，并根据这些共性特征设定评价指标，建立评价模型。

（二）评价模型构建的方法选择

在当前学术界，国内外学者一般都应用指标体系法进行图书馆评价。以下就指标体系法的几种进行阐述。

层次分析法（Analytic Hierarchy Process，AHP）的核心是将决策者的经验判断量化，从而为决策者提供定量形式的决策依据，在目标结构复杂且缺乏必要数据的情况下更为实用。应用 AHP 法计算指标权重系数，实际上是建立在有序递阶的指标系统的基础上，通过指标之间的两两比较对系统中各指标予以优劣评判，并利用这种评判结果来综合计算各指标的权重系数。在判断矩阵的构造中要求判断具有严格的传递性和一致性，因此必须对判断矩阵进行一致性检验。

在信息论中，熵值是系统无序程度或混乱程度的度量，信息被解释为系统无序程度的减少，表现为系统的某项指标的变异度。它与所涵盖的信息量成反比，也就是当熵值上升时，其所蕴含信息量就会相应变小；而当熵值下降时，其所蕴含的信息量便会升高。这也反映了某项指标的异变程度在图书馆评价中对应的权系数的变化。熵值的变化通常是为表现图书馆评价中某项指标的异变程度，这是一个确定图书馆评价指标权重应用的基本思想。然而，此方法在通常的评价过程中不常使用，因为其缺乏实用性。

BP 神经网络的结构分为输入层、隐含层、输出层三个层次。三个层次在训练中通过相互计算推导，来计算出系统中稳定的权值、阈值。推导方法为，先计算输出值与期望值之间的误差，求解输出层单元的一般化误差，再将误差进行反向传播，求出隐含层单元的一般化误差，调整输出层和隐含层及输入层之间的连接权值与隐含层、输出层的阈值，直到系统误差可以接受为止。从本质上来讲，BP 神经网络就是通过训练对已有数据进行分解计算，并在计算过程中获取新的知识。在这一过程中，由于学习步骤明确、计算方式具有规律性，指标权重可以通过 BP 神经网络利用数据学习自动生成，因此 BP 神经网络方式具有较强的客观性，参考性较强。

主成分分析法是一种数学变换方法，它把给定的一组相关变量通过线性变换转换成另一组不相关的变量，这些新的变量按方差递减的顺序排列。变换过程中保持变量的总方差不变，变换后的第一变量具有最大的方差，称为第一主成分，第二变量的方差次大，称为第二主成分。以此类推，有 n 个变量就有 n 个主成分，且各个主成分的相关系数为 0。对 n 个指标的数据进行主成分分析，如果第一主成分的贡献率大于 85%，则其对应的特征向量可以粗略地看成原始指标的权重向量。如果第一主成分的贡献率不大，可以取前 k 个主成分分量的累计共享率，使其大于 85%，然后取 k 个主分量的贡献率与相应特征向量乘积的和向量，对其做归一化处理即可得到原始指标的权重向量。运用主成分分析法确定权重在理论上是可行的，但在实证的时候发现该方法有一定的局限性。原因是，主成分提取的原始指标信息都是数据的差异信息，而不是指标的含义重要性等信息。因此，运用主成分分析法确定评价指标的权重时，需要非常慎重。

第四节　高校图书馆信息服务方式

一、图书馆信息服务演变过程

图书馆信息服务的演变是一个缓慢的过程，这种过程体现了一个时代信息技术、信息处理、信息传播与信息交流的变化发展，也体现了社会的开放度。信息服务的转变是时代发展的内在要求，也是社会进步的重要标志。

（一）从文献管理转向知识服务

随着计算机和文献信息管理系统的普及，越来越多的图书馆已不再仅满足于单纯的文献信息管理，更希望为用户提供有价值的知识信息服务，采用更现代化的文献信息管理系统。由此专题服务、一站式信息服务等许多服务方式产生。随之而来的是图书馆工作方式和模式的改变，厚厚的借书卡被一张小小的校园卡或者员工卡所取代，从文献的借出到归还统一实行自动化和智能化，使图书馆的办事效率和流程得到了大大地提高和简化。

计算机辅助系统的存在仅仅是解决了文献管理的弊端，却不能使更核心的知识传播与流通得到质的变化，于是知识服务便出现了。

知识服务是文献管理的升华，文献管理侧重物理文献的排序与整合，知识服务则是对抽象知识的提炼与传播。现阶段图书馆关于开展知识服务的最典型的事例就是参考咨询，随之深化扩展出来的，便是图书馆的专题服务、定题服务、检索查新服务等，这些都是知识服务的具体表现形式。知识服务是高校图书馆信息服务发展的必然走向。而且，现有的知识服务也越来越多地借助计算机信息系统。更重要的是，这种知识服务的理念由高校图书馆传播开来，得到社会主流意识的认可，在公共图书馆、私立图书馆、科研院所等机构，有关知识服务的应用随处可见。

（二）从被动型服务转向主动型服务

传统的"你问我答、你不问我不理"的被动型服务显然已不能为用户所接受，图书馆正在打破旧有的等待用户上门的服务方式和单一、僵化、封闭的服务模式，采取主动型服务，主动为用户提供多种类、多渠道的信息资源。传统的图书馆文献信息服务主要依靠大量的文献资源，而且由于物理文献资源本身的限制，图书馆馆员的信息服务方式也比较单一。现代计算机和文献信息管理系统的综合应用使图书馆馆员的工作重心由收集大量文献资源转移到了筛选文献并编目做成可检索书目供检索使用上面来。对于高校图书馆来说，由于网络的普及和应用，其作为师生外部信息获取渠道的作用被大大削弱，高校图书馆开始了服务的转型，由传统的被动提供书目信息和检索信息转向主动推送信息。

最为人们所熟知的主动服务就是图书馆主页的新书推荐栏目。图书馆通过醒目的新书推荐，介绍了作者、摘要、简介等书目信息，可便于读者选择，读者省去了自己翻阅的麻烦。在很多高校，图书馆在采购书目的时候会向学校师生发布推荐信息，设有读者荐购一栏，真正做到了按照实际的需求购买最合适的书目，这无不体现了现代高校图书馆的积极主动型服务的态度。有的地区高校之间组织图书馆联盟，实现地区间书目信息的共建共享，这也是现阶段高校图书馆发展的一个大方向。

（三）从单一型服务转向多样型服务

传统的图书馆信息服务主要是指计算机时代之前的服务方式，如人们熟知的卡片目录等。传统的图书馆信息服务模式是单一的，书籍的借还活动、简单的参考咨询服务，类似检索查重、科技查新活动，在当时看来所要耗费的人力、物力是无法想象的。

在全媒体环境下，图书馆正试图打破原有的单一型服务，努力向多样型服务方向拓展。全媒体的具体表现形式是丰富多彩的，具体到图书馆来说，为人们所熟知的主要有移动通信、数字电视、互联网等，甚至包括更先进的一些设施。除了人们所熟知的借助网络的个人检索功能，高校图书馆以其专业的学术素养、丰富的高技术教师队伍，以及对时下各种功能齐全的检索系统的应用，很快将服务的外延扩展开来，面向不同层次用户的不同需求，提供分门别类的多样化服务，如信息定制服务、信息推送服务、特色数据库服务等。各种个性化服务层出不穷，既完善了高校图书馆的服务类型，也能更好地为广大师生、研究人员和其他用户服务。除了正常的学术交流及检索，不少高校还设置了专门的参考咨询机构，与企业等主体紧密合作，使高校图书馆冲出了学校的围墙，开始面向外界发挥自己的余力。高校图书馆服务模式的多样性，是高校图书馆适应时代发展的必然方向。

（四）从公益型服务转向有偿服务与无偿服务相结合

众所周知，图书馆的经费基本都是从财政拨款中获得。传统的公益型服务使得图书馆没有斗志没有生气，经费紧张的问题一直并将持续存在，这归根结底是由图书馆的公益性质所致。无论是公共图书馆，还是高校图书馆，其员工的付出与收入均不被看好，这也是图书馆发展一直缓慢的原因。如今，图书馆为发展引进了大批先进的自动化查询设备，每年的购书经费更是占据了财政拨款的很大部分，对地方财政支出也造成了极大的压力，图书馆占据了丰富的资源，却难以为自己的生存发展作出贡献。

本着服务于教学又能充分发挥自己优势的原则，高校图书馆开始探索自己的发展道路。在全媒体环境下，高校图书馆可以尝试面向部分用户针对部分内容提供有偿服务，将无偿服务与有偿服务相结合。面向企业、机构、公共部门等，针对部分服务，如文献检索、科技查新、集成服务、特色数据库服务等项目可以适当收费，这样既可以调动馆员的工作积极性，也可以弥补图书馆本身的经费不足。在现阶段高校图书馆的构建中，几乎所有的高校图书馆都设立了参考咨询部，其中均有科技查新与检索服务，相对低廉的收费使学生和教师都能接受，便捷的服务和丰富的资源让图书馆大放异彩。再如图书馆的馆际互借服务，实际上仅仅是将若干个图书馆的文献信息资源进行整合发布，却带来了 "1+1>2" 的效果。实际上，高校图书馆的公益性有偿服务是提升高校图书馆整体形象的最佳措施，实现了社会效益和经济效益的有效整合。

二、信息需求决定信息服务模式的改变

用户信息需求和信息服务满足是辩证统一的。正是因为用户有了信息需求，才需要对信息服务的模式进行优化和改善，以用户为中心，使用户得到满足，这也正是用户的使用与满足理论。因此，掌握用户需求的特性是开展信息服务工作的重要前提，伴随用户信息需求的日益多样化，用户服务方式逐步呈现以下变化。

（一）服务模式由单一化变为立体化

传统的图书馆服务模式一直以到馆借阅图书、馆藏文献查询与信息咨询等为主，服务规模相对较小，服务范围有限，质量也难以提高。而在全媒体时代，用户需求日益多元化、层次化，信息需求量也越来越大，传统的馆藏文献和服务效率显然已不能满足用户需求，以信息技术为基础的新兴信息服务模式也开始走向综合化、多元化、合作化、优质化及深层次化。用户只需掌握一定的计算机技术，足不出户也能够获取所需信息资源，方便快捷，大大提高了时效性。用户可通过多种渠道获取所需信息，自助服务、网络服务的开通使信息的交流传递与反馈更加便捷

自如。传统的信息服务模式得以与新兴服务模式结合，两者相互补充、相互融合，实现了效益的最大化。

（二）服务空间由实体化变为虚拟化

传统的图书馆信息资源主要以实体馆藏文献为主，图书馆的信息服务受时间、空间的限制，用户要查找文献必须亲自到图书馆借阅书刊，耗时耗力且未必能够满足所需。全媒体时代则打破了传统的地域、时间的限制。除了丰富的馆藏文献、印刷出版物、光盘等，图书馆引进了各类型的数字资源，服务空间也由实体空间扩大到虚拟空间，如网络在线数据库、电子期刊等，并提供文献传递、馆际互借、资源共享等服务。海量的网络信息资源一触即发，方便快捷。部分图书馆已开始提供24小时自助服务，即使没有工作人员，用户也可以运用检索工具获取所需信息的资源。

（三）服务方式由被动化变为主动化

传统的信息服务是以馆员为中心，以信息资源为中心。图书馆作为优势群体，凭借其拥有的丰富的馆藏资源，其服务方式均是被动的，甚至是高高在上的，坐等用户上门。而全媒体时代打破了这一局面，在以用户为中心的宗旨下，图书馆应放低姿态放下身段，充分开展用户信息需求调研，以满足用户需求为己任，变被动服务为主动服务，将满足用户需求作为自己不懈奋斗的目标。

（四）图书馆馆员职能由散漫化变为专业化

传统的图书馆中，馆员的职责简单且易行，一切以馆员为中心，馆员不需要有特别专业化的知识即可完成这一工作。而在全媒体时代，用户已不再满足于简单地借阅和咨询。层出不穷的新需求迫使图书馆馆员不得不加强自身的职业素质，不仅要具有基本的信息检索、信息咨询学科知识，更要补充各个学科的综合知识，以不断充实自己的知识层面，全面提升自己的核心竞争力，满足日益高素质化的用户的系统性和专业性的需求。

三、构建完善的全媒体时代高校图书馆信息服务模式

对于图书馆来说，互联网将是图书馆服务的有机组成部分。通过互联网，人们可以采取多种手段利用图书馆馆藏和资源，延伸其数字化内容。通过公共访问工作站的网关服务，客户可以直接与图书馆进行交流并进行数字化参考咨询等。

（一）高校图书馆全媒体时代服务模式综合体系

依托全媒体的发展，我国未来高校图书馆的信息服务模式将会更加丰富多彩。但"以用户为中心"的服务理念不会动摇，未来信息服务模式将体现出主动性、个性化、自助性、共享性、集成化等特点及趋势。高校图书馆现有信息服务模式可分为以下几大类。

1. 书刊借阅服务模式

书刊借阅服务模式主要分为人工借还服务模式和自助借阅服务模式。

人工借还服务模式主要是指在传统的到馆阅览、书刊外借过程中，需要借助工作人员及部分半自助设备协助才能完成图书的借还手续。

自助借阅服务模式是指读者按照提示自行完成文献的阅览外借手续，而不经过图书馆馆员的柜台服务。自助借阅是一种管理制度，可以在馆内或馆外实施，如通过自助借还机、自动借还系统、无人图书馆等完成。自助借阅不仅出现在图书馆中，在实际生活中，还有许多非图书馆实施的自助借阅案例。这些服务方式能够在一定程度上弥补图书馆借阅服务能力的不足，并对图书馆的工作有一定的借鉴作用。目前，国外很多图书馆都为读者设立了自助打印机和复印机，读者只需投币就可以打印和复印自己需要的资料，非常方便。

2. 参考咨询服务模式

参考咨询服务模式包括传统的参考咨询服务模式和新型的参考咨询服务模式。参考咨询作为图书情报部门的基本业务，最早出现于1876年的美国，迄今已有100多年的历史。传统的参考咨询服务模式主要指到馆参考咨询、电话咨询、表单咨询等。在网络信息技术飞速发展的今天，参考咨询服务早已不再局限于传统的到馆参考咨询和简单的你问我答了，参考咨询工作的咨询模式和咨询工具等都发生了巨大的变化。网络在线

咨询、短信息咨询、手机图书馆互动咨询、微博咨询、可视化咨询等方式纷纷涌现，为用户提供了全媒体时代实时、高效、便捷的服务。目前重点发展以下两种模式：一是同步参考咨询服务。它是基于高速网络传输技术，利用数据库技术作为后台支撑，参考咨询馆员在线实时解答读者的咨询问题，实现实时交互的智能化服务。国内有少数高校图书馆已开始尝试开展此项服务。二是异步参考咨询服务。即用户的提问和专家的回答是非同步实时的。目前主要采用 Web 表单、E-mail、网页你问我答、FAQ、BBS 等几种方式来实现。这一模式因操作简单、方便易行、不受时间地点限制而在高校图书馆中得到广泛应用和发展。

目前，图书馆领域着重研究的新型参考咨询服务模式主要有三种：一是层次化参考咨询服务。针对用户的不同层次信息需求，依据其难易程度、专业类型等为其定制不同的信息咨询服务体系，参考咨询专家依据自己所擅长的知识领域为其作出分门别类的解答。目前这一模式在馆际互借和文献传递服务中得到广泛应用，并取得良好效果。二是合作虚拟参考咨询服务，是"一群独立、自主的图书馆，根据约定或协议，保证由合作系统负责人商定的共同服务"。这一模式从根本上体现了合作化数字参考服务的初衷，并有效地实现了信息资源、人力资源、服务资源等的共享与利用。三是合作数字参考咨询服务，是在数字参考咨询服务基础上发展起来的，由多个图书馆建立协作关系，协调服务时间，充分利用各自的信息资源特色和人才优势，为用户提供 24 小时的数字参考咨询服务①。

3. 联盟服务模式

传统的高校图书馆信息服务都是单纯地针对高校的内部用户，完全忽视外部的潜在用户。进入数字化图书馆时代后，高校图书馆的服务对象仍然以高校信息群体为主，但也开始放宽眼界，充分发挥和利用自己的信息资源集中的优势，开展多种对外服务。对外服务的服务对象主要是个人和企业团体，比较有代表性的如图书情报部门的基本业务——参考咨询服务，为满足企业科研的需求，开展面向校外用户的信息查新检索服务。例如，卡尔加里大学图书馆针对当地需求，专门设立了一个针对非大学客户收费的信息服务，这项服务的好处无疑是获得了收益。在美国，校内外信

① 吴东阳. 网站自助式服务是数字参考咨询的未来发展模式之一 [J]. 中华医学图书情报杂志，2010（3）：32-34.

息用户都可均等享受高校图书馆网站所提供的所有信息资源服务。而就目前来看，我国高校图书馆网站一般依据 IP 地址对用户进行权限管理。大部分高校图书馆网站都只为本校信息用户提供服务。在全媒体时代背景下，高校图书馆可以尝试采用个人信息认证系统，部分定制服务，或者实行积分制，有针对性地为校外部分用户提供服务。高校图书馆可以建立信息社会化服务模式，如开展信息开发、业务外包、合作共建、资源共享、业务扶持等业务，为企业提供竞争情报方面的有偿服务。

4. 因需施服与主动推送服务模式

传统的高校图书馆信息服务实质就是以图书馆馆员为中介，构建高校用户与信息资源的桥梁。读者根据自己的需要，检索相关的书目，图书馆馆员根据馆藏的情况和读者的需要来提供相应的书籍。这是一种单向的、毫无技术性和反馈的信息服务方式，读者需要什么，图书馆就提供什么，将读者与图书馆的信息需求矛盾掩盖起来，读者不了解图书馆的真实馆藏情况，图书馆也不能了解读者的阅读方向与习惯。

在全媒体环境下，图书馆积极开展信息定制与主动推送服务，不仅根据用户需求提供信息定制服务，还开展主动推送服务。图书馆以用户为中心，根据用户习惯及以往需求预测与分析用户的潜在需求，定期通过 E-mail、短信等途径主动向用户介绍图书馆的最新服务动态和最新馆藏资源情况，推荐本馆的最新信息服务，并时刻接收用户信息服务的实时反馈，对服务效果的反复评估作出理性反应，及时改善服务模式。

5. 学科信息门户模式

学科信息门户（Subject Information Gateway，SIG），是一种新型的网络信息资源服务模式。它根据特定用户需求，运用多种技术手段，将特定学科或主题领域的信息资源等进行加工处理与整合，为用户选择质量高、专业性强的信息资源，同时为用户提供浏览、检索、导航等增值服务的专门性知识。当用户对某个学科领域内的信息资源有需求时，图书馆按照一定的资源选择标准，针对特定学科或主题领域，通过灵活整合和组织，对馆藏资源和网络资源进行检索和选择、组织，为用户提供有针对性的文献信息服务，并在此基础上支持个性化集成定制服务。

从上述学科信息门户的内涵和服务内容可以看出，SIG 作为获取专业信息资源的方法，具有以下特点：专业性，针对特定的专业领域；集成性，将专业内的各种信息资源集中整合到一起；可靠性，资源的选择来源是及时可靠的；知识性，根据知识的内容及其相关体系来进行有效检索与整合。当然，现有的 SIG 还存在一些不足，如 SIG 个性化实现程度不高、用户的个人资源无法共享、SIG 和用户之间缺乏互动等。

综上所述，图书馆信息服务模式的多元化，使图书馆信息服务日臻成熟和完善。

（二）未来模式预测

计算机的出现及其应用于图书馆信息管理系统是高校图书馆服务方式的一种飞跃。计算机技术、网络技术在图书馆业务中的普遍使用，改变了图书馆传统的读者服务形式。如今数字化程度的高低已是衡量图书馆工作进步与否的一个重要标准。它以数据库的形式将需求和供给的关系完整地呈现出来，在一定程度上揭示了压抑许久的信息矛盾，也为图书馆后来的数字化服务方式的出现与改进提供了动力。伴随计算机及信息技术的发展和进步，"三网合一"脚步的迈进，自动化基础管理平台、海量存储平台、电子资源平台、信息资源加工平台、信息传递（包括网络、网站、数字化参考咨询的建设）平台及管理、通信、环境建设、安全、防火、防盗等方面自动化管理的建设。在 Web2.0 环境下，RSS、BLOG 等技术的广泛运用，图书馆在开展信息服务方面，也有了一系列新的服务模式。

1. 信息服务数字化模式

图书馆的技术应用在我国处于刚刚起步发展的阶段，笔者深入研究后发现，现在甚至将来能一直引导着图书馆数字技术发展的技术主要有 Web2.0、Lib2.0、Digital Library 三个核心技术。也许有人会说，那还有 Web3.0 甚至 Web5.0 呢？要明白，技术应用中需要有一种核心技术作为支撑，才能在此基础上获得发展。

基于 Web2.0 开发出来的技术应用主要有 RSS/ATOM、WIKI、SNS、BLOG/Podcast、IM、Collective Intelligence、Bookmarklet、Open Source、浏览器插件等。可以将以上几种应用技术称为信息智能服务。信息智能服务模式是指图书馆能针对各类不同信息用户的习惯、需求、爱好等进行系统分析，主动为用户提供智能化和个性化的服务。Google 公司推出了让用户建立自己的个性化 Google 主页的服务项目，该主页可以记录用户个性化的检索结果；微软公司推出的 Windows Live 搜索网站也推出了个性化主页检索的服务。Web3.0 技术的更新将加快网络智能服务模式的推进，更加尊重用户的劳动价值，网络智能服务更加人性化。

信息智能代理服务属于一种较前沿的服务形式，即通过 RSS（Really Simple Syndication）聚合器、博客、Tag（社会化标签）等形式构建一个用户交互服务平台，或者通过混搭来创新集成服务，建立一个高效能、综合化的信息集成化服务体系。将 Web 技术和网络搜索引擎技术相结合，创新出更多的信息智能服务模式，以便服务用户。

随着移动电子阅读、智能手机学科服务应用的普及，个人信息自助服务逐渐成了人们的首选。微博客是继 QQ、MSN、博客等诸多社交联络工具之后兴起的一种新兴力量，一经出现迅速得到了用户的接受和认可，猛烈撼动了传统媒体的地位，并迅速应用于各行各业。它为图书馆信息传递提供了一个全新的交互式传播渠道。在全媒体时代，充分应用各种信息技术，如 Web2.0、Web3.0、Library2.0、云计算环境、数字图书馆技术、RSS 技术、Google 高效准确的检索功能、信息检索（IR）技术等已成为大势所趋。

基于 Library2.0 开发出来的技术主要有 "My library2.0"，包含了个性化定制服务、收藏、兴趣以及虚拟参考工作；图书馆集成管理系统主要从事数字资源管理、资源整合、内容聚合、网络开放存取服务，等等。康纳尔大学图书馆自主开发的 My library 个性化服务系统就是其中一个较为成功的案例。"以用户为中心"是美国图书馆最重要的理念，其重要性源于对图书馆价值的认同。在这一重要服务理念指导下，创新服务成为图书馆生存的法宝，因此美国华盛顿大学图书馆十分强调 Library2.0 的应用。英国剑桥大学图书馆的信息服务则注重信息资源的共建共享，美国波士顿大学图书馆更看重信息共享空间。

基于 Digital Library 开发出来的技术应用主要有数字保存、知识整合技术、数字图书馆基础构架、数字仓库、虚拟环境研究建设等。虚拟社区服务，由学科馆员引导虚拟社区用户利用图书馆各类信息资源开展学术研究，最终达到在社区中交流和协作的目标。

2.信息提供深入化模式

从信息提供的服务深度来划分，可归纳为纵向的垂直服务模式、横向的学科服务模式及双向结合的联合服务模式。

纵向的垂直服务模式主要是指以垂直化服务为代表的深度服务模式。垂直信息的报道始于2001年，迄今为止，已在互联网、经贸、电子设计、物流、团购等多个领域得到应用。垂直服务是指汇聚网上某个特定专题信息资源并对其进行深入挖掘、筛选、过滤及加工，建立目录式索引等的一种服务模式。高校图书馆用户的专业程度越来越高，他们不仅对某一课题的查新及最新开展情况有需求，在专题报告、数据统计之外，还希望能够获得大量专业化、理性化、概念化及思想体系比较完整的情报信息。高校图书馆可以深入开展垂直服务模式，如重庆理工大学图书馆通过提供特色化专题信息服务为用户提供更加专门化、个性化、精品化、高技术和具创新性的信息服务，运用学科垂直服务模式取得了显著效果。高校图书馆应满足新形势下用户的需求，大力推行产、学、研一体化的高校图书馆信息服务模式。

用户日益细分化的需求开始通过垂直信息服务系统得到满足，不同领域的垂直检索需求会非常强烈，在将来这个趋势会更加明显。未来垂直信息服务模式应着重从以下几个方面开展：第一，构建有序化信息空间，全面收集专业领域内的信息资源，进行加工和提供增值信息服务；第二，建立与个人或特定团队相关的信息资源系统；第三，集成重要的服务工具，如专业化的搜索引擎、优越的信息检索界面；第四，建立重点用户信息档案系统，全面了解重点用户信息需求。

横向的学科化服务模式主要是指在某个学科领域提供全方位的、深入的信息服务，以学科化信息服务为主。在信息服务中，图书馆面对的用户不仅有个人用户，还有科研单位和企事业单位。因此，在图书馆尤其是高校图书馆中，可以专门设立一个信息研究咨询服务处，面向科研单位和企业提供信息咨询服务。例如，国家图书馆专门设立了企业信息服务中心，由一批具有较高学历层次、训练有素的专业咨询人员从事专业性的信息咨询工作，面向国内大中小型企业开展媒体监测分析、行业和市场分析等多种形式的信息咨询服务，最终产生对用户（读者）有用的信息产品。

除了传统的 IC 服务项目，如学科资源建设与维护、专业学科咨询服务、学科导航服务、即时通信服务、课件贮存服务、学科博客、SIC 课堂服务等，新兴的学科信息共享空间服务模式还有以下几种：一是学科团队服务，由学科馆员、学科专家、学科秘书及虚拟学科馆员等组成团队，合力为用户提供学科信息服务；二是虚拟社区服务，由学科馆员引导虚拟社区用户利用图书馆各类信息资源开展学术研究，最终达到在社区中交流和协作的目标；三是联合服务模式，以近年来兴起的高校图书馆联盟为基础，以新媒体环境下出现的各种新型技术为服务工具，开展的跨领域跨学科的联合服务模式。在全媒体环境下，人们对信息服务的需求逐渐突破了地理界限。图书馆在开展信息服务的过程中，需要借助自身及外来的各种优势资源条件，力争做到信息资源全面化、服务模式人性化、外部支持多元化、服务方式网络化等。由此，网络化信息服务合作模式应运而生。"living library"的悄然兴起不得不说是图书馆学科信息创新服务的新亮点，它在服务内容及服务方式的广度和深度上都进行了拓展和延伸，使学科信息服务内容更加深入和生动。

图书馆信息服务要想得到进一步发展，就要走合作共享道路，实现区域性、全国性及全球性合作信息服务，以满足人们对全球文献信息资源的需求。例如，图书馆与图书馆间开展信息共享与合作创建图书馆联盟服务模式；公共图书馆与高校图书馆就馆藏资源进行有效整合利用；图书馆与企业进行联盟开展"图企联合"的信息服务模式；三网融合格局下图书馆进行服务转型，构建三网图书馆，即网络图书馆、电视图书馆、手机图书馆，等等。

3. 图书馆"第三空间"服务模式

第三空间的概念来源于美国佛罗里达大学社会学家雷·奥登伯格的著作 *The Great Good Place*，他从社会学的角度将社会空间分为三个空间。第一空间是家庭环境，第二空间是职场环境，而第三空间便是前两者之外的其他空间。第三空间可以是供人们消遣放松的公园、酒吧，也可以是学习思考交流的图书馆、书店、咖啡厅，等等。对第三空间的研究和应用最成功的当属星巴克。这个全球成长最快的企业，成功的秘诀之一便是为顾客营造一种"非家、非办公"的"第三空间"、一个"绝妙的好去处"，广受顾客欢迎。图书馆与第三空间联系起来是在 2009 年，当时在意大利都灵市举行了国际图联年会，会议主题便是"作为第三空间的图书馆"。美国图书馆将实体图书馆服务空间进行再装饰和合理布局，并增加了小组讨论室、教职员工的研究空间等，从而形成信息共享的第三空间。而今，国内已有许多图书馆界的学者和馆员开始对"作为第三空间的图书馆"的研究并在近年掀起了一股热潮。

作为高校图书馆应与时俱进，积极借鉴星巴克的成功经验，将图书馆建设成读者的"第三空间"。人性化的环境、高素质的馆员队伍是"第三空间"的基础；人性化的制度是"第三空间"秩序的保证；个性化的服务是营造"第三空间"的关键；充满阅读享受的氛围是营造"第三空间"的催化剂。

第四章　大数据时代下高校图书馆信息服务变革

第一节　大数据与高校图书馆

一、大数据下的高校图书馆

（一）高校图书馆海量数据

　　高校图书馆本身就有大量的纸质资源。随着信息化建设的迅速发展，大量的电子图书、期刊、数据、网络资源等数字资源不断涌入高校图书馆。智能手机、平板电脑等移动终端的普及，使读者可以不受时间和空间的限制而获取知识。因此，移动客户端、WAP 网站、数字图书馆不断涌现，用户数据量呈爆炸式增长。面对如此大量的数据，大学图书馆要对数据统计分析，挖掘用户的借还记录、查询日志、社交活动、移动终端的使用记录和其他种类的半结构化数据。许多隐含的价值就包含在这些数据中，这对改善服务质量，提高服务效率，提供个性化服务有很大的帮助。

（二）高校图书馆读者流失

随着各种新型信息技术的不断发展，互联网上遍布着在线数据库、在线书城和公共免费在线图书资源，这给传统的高校图书馆带来了压力，读者流失日益严重。而大数据为高校图书馆解决这一问题提供了新的思路。高校图书馆利用大数据技术对读者的需求数据进行详细分析，不仅可以了解读者的信息行为、需求、愿望和知识运用能力，还可以对读者的信息进行分析。读者也可以深度挖掘知识服务过程中的潜在需求，以互动的方式进行。为了应对生存危机，图书馆可以开展针对性服务，吸引读者。同时，利用读者日益增长的信息需求，促进高校图书馆服务的不断延伸和不断完善。

（三）高校图书馆大数据应用

高校图书馆的核心价值是为学生、教师提供服务，教师的科研成果、学生的论文成果在一定程度上代表了高校的教学科研水平。图书馆只有充分了解师生的需求，掌握他们的阅读习惯，才能根据实际情况，为全校师生提供优质服务，提高全校科研水平。鉴于此，高校图书馆应充分利用大数据技术和大数据思维，发现潜在的价值信息，为师生提供高效、智能化的服务，这是高校图书馆未来发展的方向。

首先，大数据在高校图书馆中的应用是现实可行的。教师和学生在使用图书馆时，不可避免地会留下使用痕迹和用户行为日志，形成大量有价值的数据。其次，高校作为科研中心，对新技术、新理念非常敏感，大数据技术在高校图书馆的运用并不难。最后，大数据并不是一项具体的技术，但数据采集、数据访问、数据处理和数据挖掘技术的集成等技术已经相对成熟。高校图书馆在面对新技术、新思维的冲击时，应该抓住发展机遇，改变服务模式，实现可持续发展。

（四）高校图书馆隐私保护

大数据是一把涉及隐私问题的"双刃剑"，包括用户姓名、电子邮件地址和电话号码。一旦信息被泄露和滥用，就会对用户造成极大的伤害。高校图书馆中存在着大量的读者数据，如用户查询记录、用户借阅数据、移动客户端访问日志等。为了改善服务模式，提供优质服务，图书馆需要对这些数据进行分析，通过数据挖掘、知识发现等相关技术了解用户的阅读行为。此外，这些数据不仅用于记录读者的个人信息，还隐含着大量重要信息，如电话号码、电子邮件地址、行为记录、社交网络信息等。高校图书馆应高度重视读者隐私，树立高尚的职业道德，在合理合法的范围内使用读者资料信息。

二、图书馆中大数据的价值

（一）图书馆大数据应用的价值定位

图书馆大数据具有生产要素、数据恒温和潜在价值等属性。如今，数据已成为图书馆个性化服务产品生产、服务供给与推送、服务风险预测与规避、服务整合与改革的重要因素。高效、合理地清理数据，发现和充分挖掘数据的潜在价值，成为当今图书馆准确发现大数据价值的前提。此外，数据结构的复杂性和非标准化是图书馆数据环境发展的普遍趋势，有效整合结构化与非结构化数据、标准化与非标准化数据、单通道与跨通道数据，是提升图书馆数据开放性、可用性和明确其价值定位的重要前提。

（二）强化云计算对图书馆大数据平台的服务支撑与保障作用

图书馆大数据一般具有海量、数据结构多样性、低值密度和实时处理的特点，这使得图书馆大数据在存储、管理和使用方面的矛盾更加突出。因此，如何有效利用云计算技术在海量数据存储、管理、计算和网络传输方面的技术优势，提高图书馆业务分析的科学性和有效性、管理与决策水平是大数据时代图书馆需要关注的关键问题。

多用户共享和云资源动态分配是图书馆云数据中心的主要特点。首先，图书馆应有效利用云计算技术的分布式计算模式，提高数据挖掘、存储、处理、分析和决策过程的效率和准确性，为图书馆管理、运营和未来发展提供决策数据支持。其次，图书馆应利用云计算技术的高服务可用性和快速服务交付的特点，大大降低大数据管理的复杂性，不断提高大数据资源的利用效率、价值可用性和数据清晰度。最后，图书馆必须建设具有较强安全性、可用性、可控性和经济性的云计算平台，为图书馆实现大数据的应用提供可靠的环境。同时，应进一步加强图书馆数据环境的智能化管理水平，确保管理员能够完成对业务数据的查看，与图书馆一起，敏锐地察觉图书馆用户服务的未来发展方向，并有效地将数据信息的价值转化为读者服务的保障。

（三）大数据应该重点关注读者的个性化阅读需求

根据读者的阅读需求，为读者提供高精度的个性化阅读服务，是图书馆经营模式和服务模式转变的重要目标。在大数据时代，图书馆大数据的获取具有很大的分散性和不确定性。合理划分用户数据类型和信息粒度，是把握服务系统服务能力、把握读者阅读活动需求、把握图书馆与读者之间信息交互反馈效率、把握读者忠诚度的关键，能够有效提高用户个性化阅读的满意度。

首先，图书馆在大数据平台建设过程中要避免出现数据孤岛现象，应通过与其他服务商共享数据，提高大数据判断和决策的准确性。图书馆应根据大数据分析获得读者阅读需求信息，提供的服务产品应与读者需求紧密结合，并根据用户需求的变化动态调整产品内容。其次，图书馆可以通过用户行为监测、服务商数据共享、问卷调查、微信、微博等方式，不断完善用户数据收集和信息分析的方式，提高读者服务覆盖面的广度和深度，确保图书馆个性化服务判断、决策和推进过程的智能化、实时性。最后，在读者阅读行为数据和保密信息的收集和分析中，加强对读者阅读隐私和重要数据的保护是提高用户对图书馆信任度的关键。此外，图书馆在加强对读者私人数据的访问权限和内容管理的同时，还应注重服务系统的安全性和重要数据的加密，防止私人数据被窃取、拦截和篡改。

（四）利用大数据技术预测并降低图书馆运营风险

随着图书馆读者阅读需求的增加和服务模式的转变，数据中心 IT 基础设施运营管理的复杂性不断增加，读者的阅读活动和图书馆运营服务面临着巨大的风险。技术上，有效利用大数据对读者和图书馆采用模式识别、回归分析、文本分析、社会数据采集和情感分析的方法，在综合阅读和运营中制定监测、预测和防范风险的策略，是图书馆安全运行、阅读活动正常开展的重要前提。

随着信息技术等新技术的应用和服务模式的转变，图书馆服务运营商与不同区域集团联盟之间的竞争与合作将进一步加强，专业化管理将成为未来图书馆服务发展的主要趋势。因此，准确使用大数据分析算法来分析竞争对手在图书馆的管理方法、服务内容、操作模式和成本控制的优势，并防止核心数据被用户和竞争对手非法获取，是图书馆管理者提高他们的服务能力和市场竞争力的关键。此外，在图书馆建设和服务过程中，利用大数据技术提高用户服务效率，降低运营成本，是增强图书馆市场竞争力的另一项重要内容。管理员可以利用大数据技术，有效整合图书馆服务资源，优化服务流程，详细分析每个读者的阅读习惯和需求，并根据客户需求为用户提供定制化的服务，从而确保图书馆运营和读者阅读利益最大化。

三、大数据对高校图书馆的影响

（一）大数据在高校图书馆中的作用

1.为资源采购提供决策支持

高校图书馆通过读者使用资源的交互数据，如图书浏览、借阅和归还记录、数据库访问、下载记录等，可以有效评估读者对各种资源的使用情况；通过更集中的访问历史可以预测读者关注的热点，进而为资源采购部门提供准确的决策支持，增加对需求量大而未采购资源的采购，减少或取消对利用率低的资源的采购，使有限的资金可以购买更符合读者需求的资源。

2.为读者提供个性化服务

高校图书馆中，个人使用图书馆的记录包含了大量的读者信息，通过读者的咨询记录、借阅记录、数据库访问、检索记录和下载记录等，可以掌握所有用户使用图书馆资源各种信息，包括足迹，借此可以准确分析读者的兴趣点、服务需求和学科需求，然后积极地向读者推送合适的资源，为读者提供个性化的服务，实现图书馆从被动获取向主动服务的功能转变。图书馆还可以通过对读者用户的持续主动推荐服务，不断获取用户的反馈信息，从而调整服务内容，提高个性化服务的可靠性和精准性。

3.为学科提供研究方向及热点变化

图书馆可以利用大数据，通过聚类分析、热点预测、网络分析、可视化分析、语义分析、知识关联分析等技术构建学科知识图谱，从宏观上分析相关学科领域的研究方向和热点。对于科研人员，特别是新进入研究领域的学者和选题难点的硕博研究生而言，这可以极大地提高学习效率和创新能力，使他们节省文献搜索时间，更深入地了解学科的研究进展，迅速确定自己的研究方向。

4.为科研人员提供学术共享环境

高校科研人员在长期的科研活动中，通过观察、检测、实验、调查等科学手段积累了大量的科学数据，是高校非常宝贵的数据财富。图书馆在这方面有义务收集数据，同时促使有相同或相似的资源需要的研究人员建立同一学科或研究方向的虚拟社区，形成学术交流圈，分享科研数据，创建良好的学术共享环境。

（二）大数据对高校图书馆的影响与挑战

1.大数据对高校图书馆读者资源会产生影响

大数据背景下，高校图书馆的阅读资源发生了巨大的变化。大数据改变了读者的信息阅读方式，读者的阅读方式从传统的纸质阅读转变为纸质阅读和电子阅读。电子信息资源具有存储量大、信息点多、查找方便等特点。电子信息阅读不仅便宜、方便，还能在朋友之间实现阅读共享，电子信息更容易吸引读者，如今电子信息吸引了越来越多的读者尤其是年轻读者来阅读。

大数据让读者更容易养成"浅读"的阅读习惯。现在大数据来了，互联网越来越方便，交通越来越便宜，在公共场所使用的免费无线网络也越来越多，使用计算机、手机或 iPad 发送或阅读短信、QQ 信息等越来越多，微博、微信等也越来越便捷，大数据信息从早到晚出现在读者的眼前。信息来来去去都是一瞬间的事。海量、快速的信息只能让人们匆忙地扫视，没有时间去认真地阅读、思考、提取和整理。而且，对于个体读者来说，有价值的信息很少，所以读者每天阅读网络信息只是"浅读"，久而久之，读者会在不知不觉中慢慢养成"快餐式"阅读习惯。这种阅读习惯一旦形成，读者就很难再次静下心来进行深入的古典阅读和研究性阅读，读者也会逐渐与高校图书馆分离。

2.数据规模急剧增大对存储能力提出了更高要求

大数据时代的一个典型特征是数据规模巨大，这必然对图书馆的存储容量提出更高的要求。如果存储空间相对较小，则会对图书馆数字资源的使用和信息咨询服务造成一定的障碍。因此，从图书馆信息技术的角度看，应提高图书馆的存储容量。

3.数据来源复杂提高了数据的处理难度

在大数据时代，图书馆的数据来源变得非常复杂，包括社交网络采集的数据，移动互联网形成的数据，传感器网络接收的数据，存储在各种数据库、管理系统和用户日志中的数据。这样复杂的数据来源必然会增加数据处理的难度，对图书馆的数据处理能力也会提出更高的要求。然而，现有的大数据技术难以满足需求，其应用过程中的可靠性、可扩展性和标准化必须得到提高。

4.数据统计类型增加了处理问题的复杂性

在大数据环境中，数据有很多种，包括结构化数据和非结构化数据，但非结构化数据的种类更多。随着数据类型的不断增加，统计类型也在增加，而数据值密度在减少，这就增加了处理问题的复杂性。如果大数据服务体系不完善，随着数据量的增加，数据质量得不到有效保障，容易导致大量数据的查询和分析效率急剧下降。因此，随着大数据的发展，图书馆的大数据管理技术也应不断更新。

5.大数据复杂性的影响与挑战

大数据复杂性的影响与挑战主要体现在数据类型、数据结构和数据模式的复杂性上。网络时代的大数据类型复杂多样。随着社交网络的兴起和不断发展，相关信息呈现为短文本数据信息。与传统的长文本数据相比，过少的信息给文本挖掘带来很大的困难。大数据的结构也非常复杂。随着社交网络、移动计算、传感器技术等数据生成方式的多样化，非结构化数据已成为大数据的主流形式。与结构化数据相比，非结构化数据组织混乱，包含大量无用信息，给数据的存储和分析带来很大困难。此外，大数据模型的复杂性也带来了巨大的影响。数据类型的多样化决定了数据模型的多样化，要善于把握它们之间的交互作用。这种面向多模式学习的研究需要从各个方面综合运用知识。

6.大数据不确定性的影响与挑战

大数据具有很大的不确定性，这使得网络数据很难被建模和学习，从而使其价值难以得到有效利用。数据本身的不确定性、原始数据的不准确性、数据采集和处理的强度、应用需求、数据的集成和呈现等因素给数据的不同维度和尺度带来了不同程度的不确定性。

首先，大数据模型具有不确定性。数据的不确定性要求对数据进行不同于传统处理方法的处理。提出新的模型方法，把握模型的表现力和复杂性之间的平衡。这些处理方法要求所建立的模型也应该具有不确定性。

其次，大数据学习具有不确定性。数据模型一般需要学习模型参数，但在很多情况下很难找到模型的最优解，所以很多学习问题都采用近似和不确定的方法来找到一个比较好的解。然而，在大数据背景下，传统的近似和不确定的学习方法需要面对规模和时效性的挑战，图书馆应该提高技术水平来应对大数据学习的不确定性。

（三）大数据下高校图书馆应对挑战可用的措施

1.引进专门技术人员管理分析大数据

在大数据时代，高校图书馆的生存将不可避免地以大量的技术人才作为支撑，而不仅仅是少数的基础管理人员。在信息服务占据主要内容的情况下，技术人员的作用尤为重要。高校图书馆要实现持续稳定的发展，其核心竞争在于大数据的竞争。数据的规模、获取、管理、分析、提取和利用等专业工作需要懂技术、懂大数据的专业人员来操作。传统的高校图书馆管理人员数量庞大，技术人员却往往寥寥无几，甚至没有，无法满足大数据时代读者多样化、个性化的需求。引进大数据技术人员，及时处理各种供需矛盾势在必行。

2.安全防范机制的强化

在大数据时代，数据存储之后的安全管理也非常重要。读者个人信息和图书馆宝贵馆藏的泄露可能会造成无法弥补的损失。因此，高校图书馆应在人力和技术上加强数据保护，在不暴露隐私的情况下充分挖掘和利用大数据，确保信息安全有效。高校图书馆可以从以下三个方面采取安全防范措施。一是加强权限管理，对不同用户的权限进行严格控制，不同职责的人员的权限是不同的，避免操作权限失控。二是加强网络安全，及时采取数据加密、建立防火墙、建立及时可靠的应急响应体系等措施。三是树立良好的服务形象，合理合法利用读者信息，完善服务机制，确保达到有效利用大数据和不泄露读者个人信息的双重目的。

四、大数据下高校图书馆信息服务创新

（一）强化数字图书馆建设，创新信息服务意识

随着现代互联网技术和信息存储技术的不断进步和发展，数字图书馆应运而生，成为一个新的数字概念。数字图书馆主要包括图书资源的收集、图书资源的检索和图书馆管理的数字化等，它是一个具有内在联系的有机整体。随着读者阅读习惯的改变和电子阅读设备的发展，数字图书馆建设已成为高校图书馆建设的重要途径。

加强数字图书馆建设，一方面，可以大大提高高校图书馆信息资源的存储量；另一方面，通过网络图书馆等具体环节，可以准确、全面地收集读者信息，在信息推送的精度方面进一步凸显大数据的针对性和实践思维的重要性。加强高校图书馆信息服务水平，建设数字图书馆，努力向社会开放数字图书馆，能够使更多的人利用高校图书馆的信息资源。

（二）创新服务理念，从根本上践行"以人为本"

理念决定实践，高校图书馆改革应以创新服务理念为指导。当今社会，信息生产成本相对较低，信息生产方式多样化，信息增长速度非常快，这给提供信息知识储备和信息服务的高校图书馆带来了巨大的冲击和挑战。传统的依靠图书馆馆员的知识水平和经验为读者提供借阅、信息咨询等服务的方式已明显不能满足当今读者的个性化需求。因此，高

校图书馆不仅需要改变服务模式，服务理念也应该相应地改变，应践行"以人为本"的服务理念，主动了解读者的需求，根据读者的需求积极探索，找出解决问题的渠道，更好地满足不同用户的个性化需求。不仅如此，高校图书馆还需要有更先进的服务意识，根据读者的兴趣、习惯和以往遇到的问题，准确分析用户以后可能面临的问题或新的信息需求，准备好信息源，提前解决这些问题。

（三）基于学校学科建设，拓展信息服务渠道

高校要提高竞争力，获得更广阔的发展前景，就必须加强学科建设。图书馆作为高校的信息存储和服务中心，必须将其发展与教学科研联系起来，融入学科建设中。

首先，建立学科馆员制度，保持图书馆与各部门的密切联系，准确了解各部门教师和科研人员在教学科研中的需求，提供有针对性的个性化信息服务。

其次，图书馆馆员应对高校重点学科建设有足够的了解，能够围绕重点学科建立信息导航，在互联网上搜索和查询有价值的重点学科建设信息，并对用户最需要的网络资料进行总结和整理。然后帮助有需要的学生、教师、科研工作者准确获取最新权威机构、出版社、专家学者的著作、学术动态等信息。

最后，建立相关学科信息服务平台，全面收集学科最新动态、学科专家的意见和评价、学科期刊的投稿和发表等信息，实现资源共建共享、网上交流、RSS信息制定和其他服务。

（四）大数据驱动下高校图书馆的可视化服务模式

虽然大数据技术是近年来才开始出现和发展的，但数据挖掘技术应用于研究领域已有多年。一些高校参与了相关的研究项目，并试图在自己的图书馆中运行。在这一运行过程中，基础数据经过程序处理后形成文件或报告。然而，这种数据信息不是以简单的文字形式显示出来的，而是以图像的形式显示出来，不仅可以满足读者对信息的需求，而且信息传递的速度也变得越来越快。这种可视化的信息传输模式为读者提供的数据服务，实现了各种非结构化数据的融合，使数据信息经过归纳、

分析和处理后变得更加清晰。特别是动态视觉信息，可以给读者一个很强的视觉冲击，不仅能使大量的数据在有限的时间内得到有效传播，读者还可以在现有的时间根据自己的需要选择信息。

一般来说，商业信息的传播都采用上述的信息传播方式，其主要目的是增强信息对用户的吸引力，使用户对商品产生更大的兴趣。在大数据技术的驱动下，高校图书馆采用了相似的运营模式，用户可以通过查看的方式获得传统的阅读信息。虽然与商业视觉信息相比，图书馆视觉服务还需要进一步的完善，但它已经开始发挥作用，如厦门大学、上海交通大学、华东师范大学等高校建立了图书馆 OPAL 检索平台。早期的操作非常简单，页面显示了平台的书架和推荐的书籍等。大数据技术的应用使 OPAL 检索平台的功能越来越多，不仅可以为读者提供知识服务，还可以进行可视化查询，从而不断实现图书馆服务的创新。

（五）完善服务体系，提高服务层次

知识服务主要是以收集、分析和整理信息为前提的，对各种显性和隐性信息资源进行深度挖掘、分析、整理和重组，形成有价值的知识产品。

在大数据环境下，图书馆可以通过信息资源平台为广大用户提供相应的学科知识服务。图书馆通过分析不同用户对某一主题的信息检索频率，可以找出用户在某一段时间内感兴趣的主题，然后利用数据挖掘和聚类分析预测某一时间段内学科研究的热点话题及学科之间的交叉。同时，在图书馆借阅系统中对用户的借阅情况进行统计数据和借阅日志的流转，然后通过数据挖掘，分析用户与信息资源之间的知识关系。通过这种方式、图书馆可以发现在一定时间内用户的偏好和资源关注热点，利用这些知识可以为用户提供相关学科知识服务。图书馆服务的发展不仅依赖信息资源和技术工具，也依赖馆员的智慧，基于馆员智慧的知识服务被称为"智慧服务"。

目前，图书馆可以将大数据的信息挖掘技术应用到信息服务中，其主动为用户提供个性化定制服务，通过对用户信息需求的分析和处理，提供专业化、智能化、前瞻性的信息服务，提高用户对信息服务的满意度，实现基于数据挖掘的智能化服务。

在大数据时代，图书馆应丰富有效数据，完善图书馆资源，有效处理和分析数据，通过数据挖掘发现用户偏好，根据用户具体需求和实时热点，为用户使用资源提供综合服务。通过用户使用图书馆的条件、资源检索行为等数据，图书馆分析用户群体之间的借阅情况差异，以及用户对信息资源的需求和研究趋势，回收利用，协同过滤和聚类分析，关联规则方法，根据相关资源、读者的喜好变化等，建立用户数据资源需求意图模型，积极推动用户所需的数据资源，改善相应的服务，提升图书馆的核心竞争力。

（六）采取先进数据挖掘和推荐技术，深化个性化信息推荐服务

图书馆资源按照严格的标准组织，数量庞大。在进行信息检索时，读者很难快速、准确地查找必要的参考信息。利用大数据分析技术，可以根据用户的行为模式和需求特征，对读者部门、课程信息、研究论文、研究方向和阶段要求、知识结构、兴趣、研究环境、心理特征、学习习惯、行为、用户的信息需求和变化规律进行深入细致的了解，及时为读者提供必修课程教学的参考信息，实现知识服务的准确性。

对于学生来说，及时满足其信息和知识需求，不仅能够调动学生的主观能动性，使他们主动学习，而且能够改进其学习方法，提高学习效率。教师可以通过图书馆的知识反馈及时掌握学生的水平和进度，并将此作为制定下一阶段教学方法和教学计划的主要依据，这样可以间接增加教师和学生之间的交流时间，从而真正实现师生的共同发展。教师和学生获得知识后的信息反馈可以存储在图书馆的信息系统中，作为下一阶段数据分析的重要参考，从而实现图书馆与教学活动之间信息交换和共享的良性循环。

第二节　大数据时代下高校图书馆个性化信息服务

一、个性化信息服务的产生

从国际形势和理论来看，企业之间的竞争大致经历了三个阶段。第一阶段是产品本身的竞争，因为一些先进的技术在早期过多地掌握在少数企业手中，这些企业可以依靠比其他企业更高的质量来赢得市场。第二阶段，随着科学技术的迅速发展、新技术的广泛应用以及越来越频繁的人才流动，企业间技术的运用及产品的含金量已经几乎相同，企业间的竞争已进入价格竞争，依靠低价打败竞争对手。第三阶段，企业通过优质的售前、售中、售后服务吸引并留住客户，最终获得优势。现代市场竞争的理念是"顾客至上""顾客永远是对的"。个性化信息服务使企业与每一位顾客正式建立起良好的关系。个性化信息服务的发展是现代市场竞争趋势的体现。因此，国际形势和理论的发展促进了个性化信息服务的发展。

在工业社会中，科学技术的迅速发展与新技术的广泛采用，使产品越来越丰富。市场上的产品供大于求，消费者可以在许多类似的产品中随意挑选。这一切都对企业提出了新的要求，企业要生存和发展就必须首先考虑产品的销售。而个性化信息服务即指在获取大量用户信息和产品订单后再投入生产，所以销售根本不是问题。与此同时，人们更注重产品的内在质量和价格，更注重物质产品形式的多样化。随着人们收入的增加、消费时尚期和产品生命周期的缩短，时尚消费模式的速度加快，人们的消费观念逐渐向品质的外部化、个性化发展。人们的消费心理也从注重物质消费向注重物质和精神消费转变，人们不仅需要满足生存的生理需要，还需要满足发展和享受的精神需要。

归纳起来个性化信息服务理念产生的原因主要有以下几点。首先，由于互联网的快速发展，在线数字信息资源前所未有。其次，传统的信息服务只注重数字资源的建设和组织，忽视了人作为信息使用主体的主观感受。此外，由于信息量过大，客户在使用信息的过程中往往会出现"信息压垮"的困境。最后，在广阔的全局信息空间面前，个体用户感兴趣的相关信息领域属于一个非常狭窄的范畴。由于全局信息与所有个体用户的距离是相等的，因此，用户很难在短时间内获得自己想要的相关信息。与传统的服务理念相比，个性化信息服务最基本的特征是"以人为本"。个性化信息服务通过多种服务形式满足每个个体用户的信息需求。也就是说，个性化信息服务主要是根据用户提出的明确、定向的需求，为个人用户提供更加专业的信息服务，或者通过分析用户的个性和使用习惯，主动提供客户可能需要的信息服务。例如，在图书馆系统中，学生登录个人账户查看图书后，会留下搜索和浏览的痕迹，系统可以根据这些信息准确分析用户的阅读偏好，并主动向学生推荐同类书籍。

二、高校图书馆个性化信息服务理论

（一）高校图书馆个性化信息服务概念

当今社会，信息技术的飞速发展使得人们对信息资源的需求不断增加，信息资源的重要性也变得更加突出。图书馆作为知识传播的重要途径，慢慢改变了传统的工作模式，为读者提供了一种新的服务模式，开创了图书馆服务模式的新局面，这就是目前常被提及的个性化服务体系。

个性化服务体系包括个性化信息服务、个性化信息搜索服务、个性化定制服务、个性化推荐服务、个性化提醒服务和个性化信息代理服务。与以往图书馆的工作模式相比，个性化服务是一种新的服务模式。它通过在与读者的互动中产生的信息综合系统，根据读者需要收集的信息及不同读者的需求定制合理的服务方式，从而提高服务质量。

所谓个性化信息服务，就是利用现代信息技术，根据用户的知识结构、信息需求、行为和心理倾向，有针对性地为特定用户创造更符合其个性需求的信息服务环境，提供预订信息和服务定位，帮助用户建立信息系统。

用户需求是高校图书馆服务存在和发展的重要前提。用户需求行为将直接影响图书馆提供的服务内容和方式。因此，只有加强对读者信息需求行为特征的研究，积极引导用户需求，才能有针对性地开展个性化信息服务，满足读者的个性化信息需求。在网络环境下，要吸引用户接受个性化信息服务，首先要引导用户的个性化信息需求。用户的个性化信息需求是信息服务提供者提供个性化信息服务的重要因素，也是他们提高个性化信息服务质量的动力。

图书馆肩负着文化传承的重要责任，是用户获取信息服务的重要途径。高校图书馆的服务对象范围主要是教师和学生。高校教师肩负着教学、科研等重要任务。为了顺利完成项目，教师需要实时了解项目和相关学科的理论研究与最新动态。高校图书馆的个性化信息服务，一方面满足用户随时随地的个性化信息需求；另一方面通过对读者信息的分析，积极地为用户提供信息服务。其最终目的是满足师生科研、教学和学习的信息需求。它主要包括三个方面：个性化服务模式、个性化服务内容、个性化服务时间和地点。

高校图书馆个性化信息服务模式的主要特点是"用户需要什么，图书馆就提供什么"，为用户提供更准确、更有针对性的个性化信息。图书馆在提供传统通用信息服务的基础上，还采用个性化系统和智能软件来满足用户的个性化信息需求。随着移动智能终端设备的发展，图书馆的服务时间和地点不再受限制，用户可以随时随地访问馆藏资源。

（二）高校图书馆个性化信息服务基本特征

1.服务目的明确，针对性强

高校图书馆的服务用户比较简单，主要是校内师生。其主要目的是为校内师生进行项目研究和教育提供文献资料方面的支持。与公共图书馆相比，其服务目的更明确、更有针对性。同时，学生和教师的信息需求按专业、年级、科研方向明显分层，以便图书馆掌握用户需求，为用户提供个性化的信息服务。

2.服务专业性强

高校图书馆的服务很大程度上受学院专业特点的影响。由于服务对象相对稳定，用户使用图书馆主要是研究本专业及相关专业知识，获取最新的相关研究动态信息，所以高校图书馆要为用户提供相关专业的信息服务内容。

3.服务方式多种多样

随着互联网的不断发展，纸质资源不再是图书馆的主要馆藏资源，越来越多的数字资源被引入。为了适应环境，为用户提供更方便的服务，高校图书馆的服务模式已不再是简单的用户到图书馆享受服务，而是用户借助网络随时随地访问图书馆资源。为了满足用户的个性化信息需求，图书馆将提供在线互动，用户能够通过各种在线服务进行交互，并获取自己需要的信息。为了提高个性化信息服务效率，高校图书馆还建立了"我的图书馆""移动图书馆服务系统平台"等。

三、高校图书馆个性化信息服务的意义

（一）个性化信息服务是高校图书馆更好地服务各层次读者的需要

高校图书馆的主要服务对象是教师、学生和科研人员，他们具有非常明显的层次性。不同层次的读者对信息需求的侧重点不同，所需要的信息服务也不同。例如，科研人员关注学科的前沿发展；教师主要关注教学参考资料的使用和教学方法的更新；学生需要更多的文献资源来完成学业，促进自身的全面发展。此外，高校图书馆的服务对象都是具有一定专业知识的读者，他们对信息的需求主要集中在所学专业上。不同学科的读者有不同的信息需求，同一个专业的不同层次的读者也有不同的信息需求。高校图书馆应充分开发图书馆的各种信息资源，为不同层次、不同专业的服务对象提供个性化信息服务。

（二）个性化信息服务是高校图书馆在新形势下发展的需要

随着计算机技术和网络技术的飞速发展，信息资源的形式愈加多样化，不再局限于印刷文档，网络与视听信息资源并存的现象出现。人们获取信息也更加方便快捷，他们甚至不出家门就可以在互联网上查找他们需要的信息。然而，随着信息资源的多样化和信息的快速增长，人们在面对互联网上的大量信息时，很难准确、快速地找到自己需要的信息。一方面，一次查找可能产生成千上万的结果，但很少找到有用的；另一方面，由于不同类型、不同载体的数据库的大量增加，网站的用户界面变得非常复杂，用户在使用不同的资源时往往需要使用不同的检索软件，这大大增加了用户搜索和使用在线信息资源的难度。更有一些用户不知道如何按照搜索引擎所要求的格式输入搜索词来恰当地表达自己的信息需求，更不用说如何准确地搜索到所需的信息了。这就要求图书馆要适应时代发展的需要，改变传统的服务理念，创造图书馆个性化的服务模式，提供专业化的服务，满足用户的个性化需求。

四、高校图书馆个性化信息服务的主要内容

（一）网上图书预约、续借服务

1.预约

当读者想借的书已经被借出却未归还时，读者可以自己在网上找到它。这样可以节省读者借阅过程的时间，这种方式是个性化服务的基本形式。

2.续借

与网上预订类似，读者可以根据自己的需要在网上续借图书，而无须在图书馆花费过多的时间，这在中国的高校图书馆中已经被广泛使用。

（二）讲座培训

从某种意义上说，高校图书馆的读者服务工作是指图书馆围绕学校教育教学活动所开展的工作。许多图书馆定期或不定期地为不同层次的用户提供不同种类的培训讲座。课程内容涉及各种网络数据库的检索技术、文献检索与利用，以及各学科文献信息资源的利用。大学图书馆会重点面向新教师和研究生举办"图书馆文献资源使用"特殊培训讲座及一些定期的研讨会。研讨会通常会通过主页上的"最新消息"发布通知，图书馆也会提前发布公告，并张贴在图书馆入口处的告示板上，以便读者能及时参与。根据各部门要求，专业培训和讲座不定期进行，内容、时间、地点可根据读者的要求进行安排，具有一定的灵活性。高校图书馆的工作，服务是出路，教育是真正的目标。

（三）参考咨询服务

1.远程咨询服务

通过电子邮件，建立读者咨询邮箱，读者可以在任何时间、任何地点，通过电子邮件进行在线咨询。从长远来看，远程参考咨询将会有越来越多的用户，并且会越来越普及，这是图书馆参考咨询的发展方向。

2.在线咨询

通过计算机网络系统，咨询馆员可以实时与用户进行交流，及时回答用户关于图书馆资源和服务的问题，为用户提供实时的个性化信息咨询服务。

3.建立基本的参考数据库

咨询活动中存在的一些问题是普遍存在的，具有一定的共性。针对这些问题，图书馆可以建立基础的咨询数据库。如果遇到类似的问题，咨询馆员则可以立即从数据库中查找答案，或者通过计算机系统自动给出答案，从而提高服务效率。

（四）科技检索服务

科技检索服务是指检索机构根据检索客户提供的相关科研资料，通过计算机检索、比较和综合分析，提供最新颖、先进和实用的文献依据，验证他们的研究结果是否新颖，是否有研究价值，并得出结论。这些结论可为科研项目的立项、评审、科技成果评审、受奖、专利申请等提供客观依据。查新机构一般都有丰富的文献信息资源和计算机网络系统，并掌握前沿知识。

（五）文献传递服务

文献传递服务是指图书馆馆员根据用户的需求，从相关网页和数据库中查找所需的信息资源，并将其保存起来供用户使用。图书管理员还设置了自动跟踪系统，经过筛选、下载后，建立自己的数据库，可以重复使用，避免在互联网上重复搜索，降低查询效率。文档传递业务可以为用户提供原始文档，当用户查找到文档信息，但无法获取原始文档时，可以采用该业务。这种方式方便了某一类用户的使用，是现在获取信息的一种常用方式。

五、高校图书馆个性化信息服务技术

（一）数据挖掘技术

1.数据挖掘界定

数据挖掘技术是一种数据处理技术，即从大量不完整的、有噪声的、模糊的、随机的数据中，提取出隐藏的、人们事先不知道的与潜在的有用信息和知识。数据挖掘需要根据数据仓库中的数据信息选择合适的分析工具，并应用统计方法、案例推理、决策树、规则推理、模糊集、神经网络、遗传算法等对信息进行处理，得到有用的分析信息。

2.数据挖掘的技术过程

从数据本身来看，数据挖掘过程一般包括八个步骤，分别是信息收集、数据集成、数据规范、数据清理、数据转换、数据挖掘的实现过程、模式评估和知识表示。

（1）信息收集。根据确定的数据分析对象，提取数据分析所需的特征信息，选择合适的信息收集方法，并将收集到的信息存储在数据库中。对于海量数据，选择合适的数据仓库进行数据存储和管理是很有必要的。

（2）数据集成。将不同来源、不同格式、不同特征的数据在逻辑或物理上有机地集中起来，为企业提供全面的数据共享。

（3）数据规范。即使是在少量的数据上，大多数数据挖掘算法也需要很长时间才能实现。数据规范技术可以用来获得一个规范的数据集，但依然需要保留原始数据的完整性。

（4）数据清理。在数据库中有些数据不完整（有些缺少感兴趣的属性值）、含有噪声（包含属性值错误），以及不一致（相同的信息以不同的方式出现），因此，需要对数据进行清理，使数据仓库中的数据信息完整、正确、一致。否则，开挖结果将不理想。

（5）数据转换。通过平滑聚合、数据泛化和归一化，可以将数据转换成适合数据挖掘的形式。对于一些实际数据，通过概念分层和数据离散化来转换数据也是一个重要步骤。

（6）数据挖掘的实现过程。根据数据仓库中的数据信息，选择合适的分析工具，应用统计方法、案例推理、决策树、规则推理、模糊集、神经网络、遗传算法等方法对信息进行处理，得到有用的分析信息。

（7）模式评估。从业务的角度，行业专家验证数据挖掘结果的正确性。

（8）知识表示。把通过数据挖掘获得的分析信息以可视化的方式呈现给用户，或者作为新的知识存储在知识库中，供其他应用程序使用。

数据挖掘过程是一个迭代的过程，如果每步都未能实现预期的目标，则需要返回到上一步，重新校准并执行它。并不是每个数据挖掘工作都需要这里列出的每个步骤。例如，如果只有一个以上的数据源，则可以省略数据集成步骤。

数据规范、数据清理、数据转换又称数据预处理。在数据挖掘中，至少 60% 的成本花费在信息收集阶段，至少 60% 的精力和时间花费在数据预处理阶段。

（二）RSS 技术

1. RSS 界定

RSS（Really Simple Syndication）是一种新闻源格式规范，用于聚合经常发布更新数据（如博客文章、新闻、音频或视频提要）的网站。RSS 文件（也称提要、网络提要或视频更新，提供给频道）包含全文或摘录文本，加上用户订阅的网络提要和授权的元数据。通常在对时间敏感的内容使用 RSS 订阅可以更快速地获取信息，网站提供 RSS 输出，有利于让用户获得网站内容的最新更新。

2. RSS 阅读器的分类

RSS 阅读器基本上可以分为三类。

第一类，大多数阅读器都是运行在计算机桌面上的应用程序。它们通过订阅的网站的新闻源自动定期更新新闻标题。Awasu、Feed Demon 和 RSS Reader 是这一类别中最受欢迎的三个阅读器，它们既有免费试用版，也有付费版。

第二类，新闻阅读器通常嵌入已经在计算机上运行的应用程序。例如，News Gator 嵌入 Microsoft Outlook，而用户订阅的新闻标题位于 Outlook 收件箱文件夹中；而 Pluck 是嵌入 Internet Explorer 浏览器的。

第三类，在线 WebRSS 阅读器。它的优点是不需要安装任何软件就可以获得 RSS 阅读的便利，并且可以保存阅读状态，推荐和收集用户感兴趣的文章。有两种类型的网站提供这种服务。一个是致力于提供 RSS 阅读的阅读器，如国外的 Google 阅读器；另一个是提供个性化的网站，如国外的 Netvibes 和 Page Flakes。

　　3. RSS 技术的优势

　　（1）多元化、个性化信息聚合

　　RSS 基于可扩展标记语言（eXtensible Markup Language，XML）的标准，是互联网上广泛使用的一种语言包装和交付协议，可以被任何内容源使用，包括专业新闻、在线营销、企业、个人和其他网站。若在客户端安装 RSS 阅读器软件，它可以根据用户的喜好，有选择地将他们感兴趣的内容来源聚合到软件界面，为他们提供多来源资讯的"一站式"服务。

　　（2）信息发布的时效性强、成本低

　　RSS 阅读器中的信息随着订阅信息的更新而及时更新，大大提高了信息的时效性和价值。此外，服务器端信息的 RSS 打包在技术上很容易实现，而且是一次性的工作，使长期信息发布的边际成本几乎为零，这是传统的电子邮件、互联网浏览等发布方式完全无法比拟的。

　　（3）没有"垃圾"信息和过多的信息内容

　　RSS 阅读器中的信息完全由用户订阅，如果用户不订阅，弹出式广告、垃圾邮件等无关信息将被完全屏蔽，所以没有恼人的"噪声"干扰。此外，要在客户端获取信息，不需要像电子邮件箱那样用专门的"RSS 箱"来存储信息，因此不需要担心信息内容过多。

　　（4）不受病毒邮件影响

　　RSS 阅读器只保存订阅邮件的摘要，查看详细信息与通过浏览器在网站上阅读邮件没有太大区别，无须担心病毒邮件的危害。

　　（5）方便本地内容管理

　　对于下载到 RSS 阅读器上的订阅内容，用户可以进行离线阅读、存档保存、搜索排序及相关分类等管理操作，使阅读器软件不仅是一个"阅读器"，更是用户携带的一个移动"数据库"。

（三）数据监护的有关理论

1.数据监护

"数据监护"，国内学者也称其为"数据监控"。数据是有生命周期的，在它的生命周期中，数据保存扮演着保护者的角色，照顾着数据，使其达到最大的价值。

（1）数据监控。从数据产生之日起对其进行管理，促进数据的使用，确保数据在需要的时候可以被使用。动态数据集主要是指需要长期不断地补充和更新数据，以满足人们的需要，确保高标准的数据监控，提供相应的注释和相关材料的链接。

（2）数据归档。数据监控的任务之一。合理地选择和存储数据，以确保其逻辑和物理上的持续完整性、可访问性、安全性和可靠性。它确保了内容级数据的可用性。

（3）数据保存。数据存档的任务之一。它是对特定数据的持续维护，以确保数据能够长时间有效地读取和理解，并从技术上保证数据的可持续性。

2.数据监护相关技术及平台

（1）元数据

元数据是关于数据的数据。为了规范信息存储，元数据通常以学科或字段为单位进行定义。目前，元数据主要用于管理国内外科学数据库和数据平台中的科学数据。但是，由于缺乏统一的标准，根据自己的具体应用制定的组织和个人的元数据模型有很多。然而，元数据仍然是信息组织的重要工具，在部门影响范围内仍然发挥着重要作用，对信息组织有着积极的作用。

（2）本体论

本体论是哲学中与认识论相对的概念。它主要研究客观存在事物的本质，代表客观存在的事物体系。随着信息技术的发展，本体论逐渐被计算机和人工智能研究者所采用。它展示了用户同意的知识，反映了领域中一致同意的一组概念，并以用户社区为目标，促进异构本体之间的信息交换是其映射的目的。它通过对异构本体之间的语义关系的形式化表达，在不改变本体原有内容的前提下，匹配元素的相似度概念。在异构本体中，两个本体之间的语义链接可以使用同一个概念上的同一个接口来达成共同的认知。

3. 数据监测的实施方案和措施

（1）制定明确的发展规划和战略

2005 年，美国国家科学基金会（National Science Foundation）董事会发布了长期保存数据收集的指导方针，指出了数据保存任务的紧迫性，并呼吁及时制定规划和发展战略。2007 年，美国国家科学基金（NSF）DataNet 计划，估计成本 1 亿美元，明确以图书馆为主体，用 5 年时间支持 5 项数据监测重点科研项目，推动监测数据的发展，并取得了良好的效果。

美国针对数据监测的发展制定了明确的战略，使数据监测能够促进经济的可持续发展。它的工作人员包括图书管理员、信息技术人员及相关学科的学者，并通过提供优质的服务吸引研究人员加入。

（2）开展良好合作

美国目前开展的数据监测项目需要监测的数据量大、类别强、复杂性大。因此，美国强调并追求在数据监测方面的良好合作。为了实现图书馆与科研团队的合作，许多高校图书馆都希望采用学科馆员的服务模式，如康奈尔大学图书馆。数据监测属于知识服务范畴，数据处理和管理方法来源于信息管理，是图书馆的专长。

六、高校图书馆个性化信息服务存在的问题和应对策略

（一）高校图书馆个性化信息服务存在的问题

1. 管理机制问题

（1）我国整个图书馆体系的管理体制都存在结构性缺陷，如宏观调控机制不完善、独立管理、缺乏统一的协调机制、资源共享计划推进缓慢等，这极大地削弱了高校图书馆个性化信息服务的功能。

（2）现有的管理机制使高校图书馆缺乏开展个性化信息服务的动力。许多大学图书馆由学校资助，为学校师生提供免费服务。这样做注重了社会效益而忽视了经济效益，缺乏自我发展的动力。在网络环境下，高

校图书馆的服务定位一般更注重上级领导的责任，往往考虑更多的资金、设备、图书馆房舍、图书资源、阅读量，但很少考虑到作为图书馆主体的用户需求本身的满足和人员的发展。

（3）网络环境下信息服务"模块"缺乏有效的管理机制。例如，网络环境下信息服务的好坏依据什么样的指标来衡量，如何区别服务质量的优劣。目前，部分高校图书馆缺乏一个可执行的评估标准，以及一套有效的激励机制，不能激发员工的进步意识和创新意识。图书馆馆员缺乏主动性，不能主动跟踪用户满足其个性化服务需求，被动地等待用户上门的经营理念是不可取的。

2. 图书馆馆员素质较低

在网络环境中，其服务功能应包括收集和过滤网络信息、协调系统和信息资源、教育和引导用户使用信息资源等。这种个性化服务与以往面向公众的服务最大的区别在于服务对象更具体，服务要求更高。用户对图书馆的服务满意度很大程度上取决于馆员的专业知识和研究能力。然而，目前高校图书馆馆员的知识结构相对简单，普遍缺乏专业的学科知识。图书馆也都缺乏能够进行信息参考咨询、网络检索、信息分析、市场调研的高素质个性化信息服务人员。这些问题严重制约了高校图书馆个性化信息服务的发展。

3. 服务观念问题

在大数据及网络环境下，高校图书馆开展个性化信息服务除了要依赖技术手段，更重要的是革新服务理念。目前，我国高校在开展个性化信息服务上还有存在以下观念问题。

（1）重资源、轻服务。受这种旧观念影响，传统高校图书馆往往将文献馆藏量作为最重要的评价指标，而忽视了信息服务的重要性。在数字图书馆建设的过程中，图书馆界继承了这一观点，仍然注重文献信息资源的建设，而不是面向资源的服务。从高校图书馆的主页可以看出，许多图书馆的主页更为突出文献资源和数据库，而信息服务大多设置在二级或三级页面上。近年来，随着"以人为本，服务至上"的服务理念的提出，图书馆越来越重视服务，许多图书馆设立了信息咨询、查新、文献传递等服务项目，并在互联网上设立了相应的服务项目。但由于传统的藏书半封闭思想仍会影响图书馆的工作，再加上重视服务的时间相对较短，因此在实际工作中往往会忽视服务的重要性，淡化服务意识。每个图书馆和图书管理员都需要一些时间来改变自身的想法。只有转变服务观念，提高服务意识，才能重视用户的个性化服务，提高信息服务质量。

（2）突出共性、忽视个性。网络环境下，图书馆个性化信息服务的发展不是简单地将信息推送给用户，而是要深入用户和学科中，充分了解用户的信息需求、信息行为规律和变化，为用户提供准确、有效的信息服务，以及具体、有针对性的信息服务内容。然而，目前，我国高校图书馆的信息服务仍然处于相对初级的水平，只专注于为教师和学生提供相同的标准化的信息产品和服务，突出服务的共性而忽视了个性的服务。这种信息服务理念和意识严重制约了图书馆个性化信息服务的发展。图书馆馆员必须树立个性化信息服务的理念，以新的理念引导和发展个性化信息服务。

4. 资源结构不合理

图书馆馆藏资源已由传统的单一的纸质资源向纸质资源、网络资源和电子资源相结合的方向转变。但目前高校图书馆的信息资源仍然主要是纸质文献。虽然各高校图书馆已购买或建立了一些数据库资源，极大地丰富了图书馆馆藏，但网络资源和电子资源的建设仍需加强。在现实生活中，用户对信息的需求正朝着网络化、电子化的方向发展。因此，为了满足广大师生对电子资源的需求，高校图书馆需要在现有馆藏资源的基础上，合理配置资源比例，扩大网络资源和电子资源的比例。

5. 个性化信息服务人才缺乏

目前，各高校图书馆大多缺乏专业化的个性化信息服务人才。现有的图书馆服务人员水平相对较低，业务素质参差不齐。虽然基础业务熟练，协调能力强，但知识范围相对单一，技术水平较低，缺乏科研所涉及的学科知识和技术知识。同时其信息分析和市场调研能力也有待提高。这些都使得服务人员缺乏信息意识、业务能力和信息获取方法，难以收集到高质量的信息。人员的缺乏导致工作量增加，而个性化信息服务系统的维护和更新及服务的提供都需要人员，这就进一步使深入的信息服务无法开展。因此，这些因素制约着图书馆个性化信息服务的发展。

6. 信息资源建设问题

信息资源建设是实现个性化信息服务的前提。个性化信息服务要求图书馆拥有足够的信息资源，既包括纸质资源，也包括电子资源和网络资源。其中存在的问题主要有以下几个方面。

（1）资源组织没有优化。实际情况是网络信息资源非常丰富，但相对分散且不均匀，用户需要对信息进行筛选、处理和组织，然后才能充分利用信息。传统的业务模式是为用户提供统一的业务，而不能为特定的对象提供特定的业务。信息资源的描述程度存在较大差异，仅使用关键字或关键字之间的组合公式难以准确表达用户的信息需求。图书馆提供的信息资源服务不能站在用户的角度来考虑，是分散的、系统的。信息资源系统吸收了大量使用价值较低的信息，干扰了用户对信息的获取。

（2）内容服务深度不足。随着现代信息技术的飞速发展，用户的信息需求也在不断改变，呈现新的特点。图书馆应根据用户的新需求收集、整理和处理信息，开发和利用信息资源，以满足用户全面、新颖的需求。目前，高校图书馆已基本进入网络化阶段，但信息服务内容差异相对较小，新闻公告、图书馆信息介绍、图书检索仍是其主要服务功能。"我的图书馆"是高校图书馆网站推出的一项个性化信息服务，用户在注册和完善个人信息时，可以填写自己的兴趣爱好、专业等基本信息，但图书馆很少对这些信息进行"二次处理"，推送给用户的信息只是用户系统提供的相关领域的文献或书籍。

（3）资源共享程度不高。由于专业的交叉性和相似性，大学之间可以通过共享来建立资源库。然而，高校图书馆信息资源库的重复建设和重复配置现象十分严重。为用户提供的资源仅限于图书馆的纸质文献、电子资源或网络资源，无法很好地体现个性化信息服务。因此，加强图书馆之间的合作和资源共享是避免这种情况出现的有效途径。目前，馆际互借和文献流转是图书馆之间资源共享的基本方式。但它们只是代表了传统的图书借阅和文献流转业务，并没有真正实现资源共享，用户的个性化信息需求没有得到满足。

（二）高校图书馆个性化信息服务的策略

1. 针对个性化信息服务的资源整合

资源整合是图书馆信息服务个性化和数字资源多样性的重要成果，也是高校图书馆开展个性化信息服务的良好基础。图书馆信息资源的整合可以使用户在统一的数据访问模式下，通过统一的用户界面，有效地搜索不同的数据库和网络资源。在图书馆中，大量的数字信息资源通常由不同的供应商提供。不同的数据使数据库的格式有所不同，数据库检索软件也会有所不同。而每种数据库所支持的检索语言的使用也有一定的差异，这诸多因素造成的直接后果就是检索效率低，检索结果不准确，不仅增加了检索难度，浪费了用户大量的时间和精力，也给用户带来了很大的不便。因此，将这些不同的无序信息资源的要素有机地整合成一个整体，使普通用户在一个公共使用的简单、友好的界面上，使用一种检索方式或使用一个有效的搜索词，就能够获得检索主题的"一站式"信息服务，成为信息检索发展的必然趋势。

建立新的用户服务模式，将以用户为中心的集成信息服务与个性化定制服务有效结合，使信息资源组织系统能够满足用户多样化、多层次、个性化的信息需求。这也是提高数字资源利用率、提高服务质量的必经之路。信息资源整合主要是指由计算机网络和相关技术组成的系统，实现信息资源的集中管理和跨平台、跨数据库检索。整合不同的数据资源和信息资源，构建异构数据库信息共享平台，构建统一的检索系统和用户界面，可以实现用户单一检索的快速表达，在包含一个集合的各种信息资源中得到响应，从而实现多异构信息资源的统一检索。

2. 树立个性化信息服务理念

随着时代的不断进步和发展，高校图书馆用户的素质也在不断提高，他们的观念也在不断变化。今天的用户不仅看重图书馆的资源和先进的技术手段，更看重图书馆服务中体现出来的人文关怀。个性化信息服务是一种基于网络环境下用户的个性化需求，具有深层次和较强主动性的新型服务。馆员要开展满足用户需求的个性化信息服务，就必须更新管理和服务理念，牢固树立"以人为本，用户（读者）第一"的人文关怀服务理念，并将这一理念贯穿于日常信息服务的每个环节。

"以人为本"的个性化信息服务理念旨在尊重和关爱用户，吸引用户的积极参与，研究用户的兴趣和行为习惯，了解用户的专业背景和学术研究方向，选择更适合用户实际需求的信息资源，积极向用户推送相关信息，为用户提供针对性十足的人性化信息服务。同时，还应及时与用户沟通，根据用户信息需求的变化及时修改服务模式，为用户提供高效、高水平的信息服务。

3. 深化 My Library 信息服务系统

My Library 是目前高校图书馆个性化信息服务的主要模式。但是较低的使用率使得高校图书馆必须对 My Library 进行改变与升级。目前，大多数高校图书馆都不能根据用户的搜索历史、爱好、习惯提供个性化服务，即使提供，也是根据用户自己的需求，选择相关类型的图书馆为用户提供智能化的个性化服务，并不能根据读者的智力提供个性化的信息服务。智能信息推荐在商业领域已经得到了广泛而成功的应用。例如，购物网站可以根据用户的浏览、搜索和购买记录，主动推送用户可能感兴趣的产品。目前，高校图书馆在技术上实现这种"猜你喜欢"类型的信息推荐是比较容易的。但高校图书馆在推送时要注意，要注重主动推送，站在读者的角度进行推送。例如，图书馆可以通过短信、电子邮件等方式告知读者可能感兴趣的信息，吸引读者登录图书馆的 My Library 网站。此外，与公共图书馆相比，高校图书馆的用户还有一个显著的特点，即高校图书馆可以清楚地了解用户的专业和年级，校园生活也有明显的规律。因此，高校图书馆可以根据用户的专业和目前的学习生活或学习状态（大一、毕业、期末考试、招生季节等），主动向读者推送信息。

4. 提高图书馆馆员专业素质，培养个性化服务团队

在提供个性化服务的过程中，图书馆馆员的素质至关重要。图书馆馆员不仅要对图书馆的馆藏资源有一定的了解，而且要始终站在图书馆服务的第一线，经常与用户接触，从而更准确地把握用户的需求。因此，建立一支思维正确、知识结构合理、业务能力强的高素质复合型服务队伍，是做好高校图书馆个性化服务工作的重要保证。目前，虽然图书信息专业人才的数量呈增长趋势，但图书馆馆员队伍的整体建设还远远不能满足现实的需要。因此，提高图书馆馆员的素质已成为个性化信息服

务发展的迫切要求。在此基础上，一是广泛吸纳多专业人才，提高图书馆馆员的待遇和社会地位；二是加强现有馆员的专业培训，通过讲座和学习，提高馆员的专业素质和服务意识；三是要尽力提高工作效率，合理配置人员，采用一些有效的激励机制，增强馆员的积极性和成就感，增强竞争意识和危机意识。

5.做好信息安全与隐私保护的工作

信息安全与个人隐私保护是信息时代用户非常重视的问题，也是高校图书馆个性化信息服务的一个重要方面。在开发个性化服务的过程中，用户将被要求提供一些基本的个人信息，这将涉及个人隐私问题。图书馆有责任合理保护这些信息，以免被他人窃取。同时，用户有时会担心个人隐私泄露，可以在提供个人信息时隐藏一些重要的信息，尽管它为图书馆准确掌握用户信息需求造成了一些障碍。但是，图书馆应该尊重用户，并通过更加真诚的服务、更好的技术保护用户的隐私，与用户建立更好的信任。

6.加强对用户需求的研究和用户培训

首先，高校图书馆应继续探索和研究服务使用者。高校图书馆使用图书馆自动记录系统，利用大数据检索分析用户偏好和用户信息，充分挖掘用户的实际需求，建立用户的个人信息数据库，然后结合用户需求，从海量的信息资源中选择用户的需求信息，推送给用户。其次，高校图书馆还可以借助现有的社交网络和平台，如微信、微博等，与用户进行实时的互动和交流，获取用户的需求，进而对自身服务进行相应的改进和优化。最后，高校图书馆还应加强用户培训工作，通过定期开展讲座和数据库使用培训，让用户充分了解图书馆各模块的功能和数据库的使用方法，提高用户的检索技能，帮助用户快速获得自己需要的信息资源。

7.利用大数据技术完善信息检索系统

在今天的大数据环境下，信息资源呈爆炸式增长，高校图书馆拥有各种结构化和非结构化的数据信息资源。完善信息检索系统是一个让用户获得有效信息的重要的方式，这就要求高校图书馆利用大数据技术不断构建和完善图书馆信息资源搜索引擎，有针对性地为用户提供高效的个性化信息服务。高校图书馆可以借助大数据挖掘技术充分挖掘用户信息，分析用户实际需求，进而根据用户需求完善信息检索系统，提高用户获取有效信息的准确性，并为用户提供优质的推送服务。此外，高校图书馆还可以借助大数据技术建立智能搜索引擎，满足用户个性化移动搜索的需求，创建新的个性化信息检索系统。

（1）学校与网络服务运营商建立长期友好合作关系。在大数据环境下，高校图书馆个性化信息服务系统的大量数据来自校园，教师和学生是系统的主要服务对象。当校园局域网中的信息行为数据达到一定程度的存储和耦合时，可以对相关数据进行集成，深入挖掘和分析。但由于校园信息行为数据的局限性，学校有必要与网络服务运营商建立长期友好的合作关系，从而有效提高用户信息行为特征识别的准确性，进而优化基于大数据的高校图书馆个性化信息服务体系。

（2）提供个性化信息。在实践中，高校图书馆的个性化信息质量往往不高。通过各种方式了解到，高校图书馆往往根据用户群体的需求提供个性化的信息服务，忽视用户信息的反馈。因此，设计模型不能真正反映用户群体的个性化信息需求，信息质量不高。这注定会失去现有的用户，并难以吸引新用户。因此，在大数据环境下，高校图书馆个性化信息服务系统应尽可能地为用户提供针对性、新颖性、准确性，且全面、深入的个性化信息。高校图书馆应充分利用自身优势，提高个性化信息服务质量，满足不同用户的个性化信息需求，完善基于大数据的高校图书馆个性化信息服务体系。

（3）明确涉及用户安全和隐私的数据。通过设计高校图书馆基于大数据的个性化信息服务系统，发现不同数据之间隐含着用户的信息特征。该系统既能满足现代用户组的需求，又能实时监控用户信息行为的痕迹，表明用户组的安全性和私密性可能受到损害，存在一定的侵权风险。因此，为了维护用户组的隐私，系统在监控分析用户信息行为数据前应征得用户同意，并删除与用户安全隐私相关的数据。

第三节　大数据时代下高校图书馆学科服务创新

一、学科服务概述

（一）学科服务界定

1.学科服务的定义

随着学科馆员制度在我国的推行，学科服务已成为图书馆读者服务的重要组成部分。与传统的参考咨询服务相比，学科服务是一种积极参与的开拓性创新服务。它要求学科馆员深入了解用户的科研或教学活动，帮助用户查找并提供更专业的资源和信息导航，为用户的研究和工作提供具有高度针对性的信息服务，这是图书馆创新精神和个性化服务特色的体现。

2.学科服务的要求

（1）综合性体系。主要指高校图书馆学科服务体系的综合性、系统性。它不仅需要全面的学科知识和信息资源，也需要系统的学科服务工作操作环节。同时，学科馆员应全面了解和熟悉所负责学科的资源和相应学科的情况，并能够利用各种现代媒体技术对图书馆的学科资源和服务进行广泛地宣传和推广，使学科服务得到越来越多用户的认可和信任。

（2）方便快捷。指学科用户可以通过学科服务方便快捷地获取所需的学科信息资源和服务，及时解决自身的相关问题。

（3）高效利用。一方面，学科馆员要保持高效工作；另一方面，学科用户应该能够有效地使用所有学科信息资源。

（4）满意度评价。指用户对用户服务的认可和信任，以及用户通过各种手段和方法对用户服务的真实认可和满意度。

总之，学科服务是一项集系统性、复杂性、持续性和动态性于一体的系统工程。学科服务是高校图书馆为学科或学院、学科用户群体和学科个人用户提供的综合性、多层次、广泛性和前瞻性的知识服务。它需要图书馆整体自上而下协调，并渗透到学科用户中。同时，需要用户的互动参与和反馈，为学科用户提供高效、满意的学科信息服务。

（二）学科服务的起源

IC（Information Commons，信息共享空间）起源于 1992 年美国艾奥瓦大学图书馆宣布成立的"信息拱廊"（Information Arcade，IA），是英文 "Information Commons" 的简称。目前，IC 主要有两种具有代表性的思想。一种以美国图书馆协会前主席南希·克雷尼希（Nancy Kranich）为代表，着眼于开放获取运动，强调了它的公共性，把 IC 作为社会公共资源。另一种以唐纳德·比格尔（Donald Beagle）为代表，立足于高校图书馆，把 IC 作为一种综合性服务设施和协作学习环境。他认为，"IC 是一种新的基础设施，是围绕综合的数字环境而特别设计的组织和服务空间。作为一个概念上的教育空间实体，IC 涉及从印刷型到数字型信息环境组织的重新调整，以及技术和服务功能的整合"。

IC 服务的引入给图书馆界注入了新的活力。随后，美国、加拿大、澳大利亚、爱尔兰等国多所高校图书馆纷纷推出 IC 服务，并使之成为高校图书馆的一大亮点。

学科 IC 为学科用户提供了信息资源共享的物理空间和虚拟空间。一方面，图书馆为服务学科专门设立学科馆，学科馆内配置丰富的专业图书、期刊及其他配套硬件和软件。同时学科馆根据用户的不同需求分设不同的区，如个人学习区、小组讨论区、参考咨询区、文献复制区、休闲阅览区、文献资源区、视频演示区等。另一方面，图书馆以学科为单位向服务学科提供更多的专业性更强的数字资源。除了提供专业性的数据库、专业信息导航，还提供学科介绍、学科动态、重要人物、会议通知、核心期刊、精品课程、课堂服务、参考咨询的学科资料库等多项特色服务信息。

（三）学科服务的性质

学科服务是学科馆员融入学科用户信息环境的一种新服务。作为一种新型的服务，它正处于不断发展变化的过程中，人们对它的认识也在不断加深。因此，对学科服务性质的认识也是一个发展变化的过程。下面简要分析一下。

首先，学科服务是一种先进的图书馆管理理念。随着信息技术和网络技术的迅速发展，信息化、数字化、网络化给图书馆的生存和发展带来了前所未有的机遇和挑战。图书馆不再是获取文献信息资源的唯一重要场所，人们对图书馆的依赖程度也在急剧下降。作为图书馆管理者，必须重新思考和审视图书馆的生存与发展。以用户为中心的积极的个性化、专业化服务为图书馆的生存和发展带来了活力和希望，能够促进和提升图书馆的核心竞争力。

其次，学科服务是一种新的服务模式。学科馆员直接融入学科用户的信息环境和信息过程，为相应学科或部门、重点实验室、研究群体和学科用户提供个性化、专业化、知识化的服务。

再次，学科服务是图书馆服务的一种新型服务机制。根据高校学科建设的实际情况，各高校图书馆设置专门负责相应学科或部门的学科馆员，明确学科馆员的工作职责和目标任务，制定具体的考核指标和考核方法。并对学科服务有较为明确的服务要求。

最后，学科服务充分体现了以用户和用户需求为中心的服务理念。学科馆员的服务工作除了要做传统的基础服务工作，还应走出图书馆，融入用户的教学环境，嵌入科研过程中，不仅要为其学科教学和科研提供所需的文献信息，更重要的是学科馆员应该熟悉和了解所负责的学科或部门和学术资源，为学科用户提供专业化的服务。

学科服务旨在优化用户信息环境，提高用户信息能力，为学科用户的教学科研提供信息保障和支持。

（四）学科服务的特征

随着高校图书馆服务的深化和拓展，学科服务将成为高校图书馆服务的主导模式和高校图书馆的核心工作。学科服务具有传统服务无法比拟的优势和特点，将在高校图书馆服务中发挥越来越重要的作用。

1.扩展性

学科服务的可扩展性主要表现在服务范围、服务内容和服务模式三个方面。首先，在服务范围上，学科服务的范围不仅包括物理空间概念的地理范围，还包括服务内容上的范围。从物理空间概念的地理范围来看，传统的图书馆服务主要是在图书馆的物理空间中提供的服务，仍然是以图书馆为中心。高校图书馆的学科服务，并不是以图书馆为主体，已经走出图书馆，更多地进入用户环境和用户的日常学习、工作和生活中。例如，学科馆员走出图书馆，加入学科创新团队，全面了解学科用户的信息需求，参与学科建设中的教学科研，深入沉浸在学科用户的需求环境中。其次，在服务内容上，高校图书馆学科服务既要继续履行高校图书馆的传统服务内容，又要履行参考咨询馆员的服务内容。最后，在服务模式上，学科服务除了仍然可以继续使用参考咨询服务的相关服务模式，更注重在用户的环境下深入主题，特别是在学科建设全过程中提供文献资源保障服务和个性化信息服务，是参考咨询服务的延伸和拓展。

2. 主动性

学科服务是图书馆原有服务的延伸和深化，必然成为图书馆工作的核心，是服务理念的推广。学科服务不再仅仅是图书馆管理员被动地为用户提供使用原始数据的文献信息资源服务和信息服务培训等，而是学科馆员主动地与学科用户进行有效地沟通和交流，建立畅通的信息需求和供给渠道，自觉主动地提高图书馆信息服务能力，将用户感兴趣的信息传递给用户，从而帮助用户提高工作、学习效率。因此，它是一种满足学科用户需求的主动服务。尤其是随着网络的不断发展，高校图书馆的资源和服务日益丰富，要让用户得到广泛的学科资源和最好的服务，需要相关学科及专业学科馆员，主动为用户服务。其主动性主要体现在以下两个方面：一方面，学科图书馆主动为用户组织教学资源，提供资源安全和技术服务，使图书馆成为学科用户获取最新信息和知识资源的来源。另一方面，需要主动深入用户环境中，以学科用户为主体，为学科用户提供最及时、最准确、最高效的服务。

3. 专业性

学科服务是为学科用户服务的一种新的服务理念，不管是从其服务的目的、用户对象的需求，还是服务内容和服务形式等各个方面来看，都具有非常强的专业性。从服务目的来看，它主要是为学科用户的个性化需求提供学科信息、知识资源和技术服务。从用户对象需求来看，学科用户不需要一般的广义知识、信息资源和技术。从服务内容上看，主要关注学科用户教学和科研的全过程。它不仅是联系、咨询和培训，更重要的是优化用户信息环境，参与用户科研过程，提高用户的能力。其中许多内容涉及本学科的专业知识，甚至是一些特殊问题。在服务形式上，充分利用电话尤其是网络平台，随时随地走到用户身边提供服务，具有自己的专业服务形式。从实施主体——学科图书馆馆员服务本身的要求来看，它要求供给者具备高度专业化的知识和技能。

4. 研究性

学科服务是现代图书馆服务的发展与创新。与传统服务和参考咨询服务相比，它是一种全新的服务模式和服务机制。首先，学科服务本身在图书馆界是一个新生事物，无论是在概念认识、基础理论方面，还是在具体实践中，都在不断地探索和发现。其次，高校图书馆的学科服务对象主要是重点学科、特色学科的专家学者和相应学科具有较强科研能力和学术基础的学生。信息服务在服务内容、服务水平和服务方式等方面都具有重要的研究意义。与此同时，对学科用户、专家学者的需求行为和需求内容也在进行探索和研究。最后，学科服务馆员还需要不断研究和分析学科用户服务的信息资源和技术，为用户提供更好、更满意的服务。

5. 学术性

学科服务是由图书馆的学术性质决定的，体现在以下几个方面。图书馆是科学研究体系的一部分，主要从事科学研究的前期工作；图书馆工作本身是一种学术活动；图书馆的工作人员大多是专业技术人员。学科服务是高校图书馆工作的组成部分，其必须服从图书馆的管理。高校图书馆学科馆员围绕高校学科建设向学科用户提供深入研究的服务，将服务工作成果直接渗透、融合、凝聚在他人产品的精神之中，通常没有独立的形式。主题服务本身是一种特殊的学科馆员的生产劳动。它不是简单地直接提供文本资料的信息服务，而是一种具有创造性的文献信息服务。它在研究文献知识信息的基础上，在进一步的知识信息服务后，再为用户提供学科知识信息服务，具有间隔性、依赖性和隐蔽性，工作流程中的工作具有再创造性。学科服务的目标和思想源于高校学科建设，也服务于学科建设的目标。

6.知识性

一方面，学科服务是一种知识密集型劳动，是学科馆员与学科用户之间传递、交流和反馈学科知识信息的智力劳动过程。学科服务是对相关学科进行研究和探索的工作。这些工作是智能化的科学劳动，要求学科馆员具备相关的学科背景知识和较强的综合能力。另一方面，学科服务是围绕高校的学科设置，尤其是重点学科和特色学科建设和知识服务的深度展开的，其重点是为学科用户提供可以利用的知识信息，强调文献信息资源的开发与利用，为用户提供的不再只是知识线索和相关文献，更重要的是从这些复杂的信息资源中获取知识资源来解决问题。将这些知识资源融合重组为相应学科用户的问题解决方案，并转化为服务机制，实现学科用户对学科知识的发现、创新和获取，是一种主动的知识推送。

二、高校图书馆学科服务机制构建

（一）高校图书馆学科服务机制的特征

1.多层面的主动性

主动性是学科服务机制的一个非常显著的特征。由此带来的就是多层面的主动性成为学科服务机制的主要特征。学科服务机制是学科服务良性发展的主要保障。在主动性方面重点体现在三个层面：对外即对用户的主动性，对内即对图书馆自身建设的主动性，学科服务整体运行环境营造的主动性。这里所提到的对内和对外，是从图书馆的角度来对学科服务机制进行理解的，主动性贯穿于学科化机制建设的全过程。

2.多学科的交叉性

学科服务机制涉及的因素非常多，是学科服务可持续深化开展的重要保障，需要协调各个方面的关系，整个机制的构建是一种多学科高度交叉、综合运用的结果。这种研究方法与研究问题的重组，一般都能够产生很多新的发现，从而使学科服务得以蓬勃发展。在学科服务机制建设过程中，图书情报学、管理学、心理学、组织行为学等学科互相渗透，共同推动学科服务健康深入发展，同时多学科的交叉也能够推动学科服务进一步创新发展。

3.多角度的交互性

互动推广机制作为学科服务机制建设的重要内容，涉及图书馆与用户之间、学科服务人员之间、图书馆各部门之间的互动，也涉及资源、服务、理念的推广。在学科服务的整个过程中，用户参与度已成为衡量多学科服务有效性的重要因素。互动推广的深度和水平将直接决定学科服务的整体效率，从多角度最大化互动，成为学科服务机制构建应关注和合理解决的重要问题。

4.多维度的延展性

学科服务机制的建立和合理运行，是学科服务良性运行的客观保障，也是大学科、大服务背景下图书馆信息机构深化学科服务的必然要求。学科服务机制可以保证学科服务更好地满足用户的需求，包括当前的实际需求和未来的潜在需求，以期提高图书馆的核心竞争力。科学合理的学科服务机制突破了学科服务的诸多瓶颈，同时也将为学科服务带来新的信息产品和新的服务方式，能更大程度地满足用户对学科资源和服务日益增长的需求。

5.全方位的保障性

学科服务机制的核心作用在于其通过采取有效措施，强化内外调控，改善学科服务工作中存在的诸多矛盾和不足，使学科服务工作的发展更加流畅，进而保障学科服务成效的不断提升，最终实现学科服务的根本目标。通过对学科服务组织与运行变化规律的探索，建立起一系列有利于学科化良性发展且高效的保障措施，为学科服务营造良好的发展大环境。学科服务机制是对学科服务的全方位保障，对保证学科化服务工作持续健康发展起着基础性、根本性的作用。

（二）高校图书馆学科服务机制遵循的基本原则

学科服务机制的基本原则包含很多方面，主要有导向性原则、整体性原则、层次性原则、针对性原则。学科服务机制各原则辩证统一、相辅相成，集中体现了图书馆学科服务的基本理念和整体目标，是学科服务工作的有机组成部分，是做好学科服务工作的必要保障。

1.导向性原则

导向性原则也就是指向性原则，是学科服务机制的首要原则。学科服务的可持续发展必须以科学合理的服务机制为指导，以保证服务的有效提升。科学合理的学科服务机制能够使学科服务工作朝着正确的方向发展。通过机制建设，可以明确学科服务工作的地位和作用，积极引导用户、相关部门和人员广泛参与学科服务工作，集思广益，充分服务学科建设。要把学科服务发展的长远目标与服务的实际相结合，规范学科服务的内容、方式和手段，充分发挥学科服务在图书馆工作中的引领和示范作用。

2.整体性原则

学科服务是一个有机的整体。学科服务机制的整体性原则要求从系统的角度对学科服务进行标准化实施，以保证学科服务有效性的最大化。整体性原则主要包括三个方面：一要保证学科服务工作的整体推进，这就要求在关注各个组成部分的基础上，协调学科服务各方面的相互关系，加强服务的统筹规划，使学科服务全面协调发展；二要保证主体性服务内容的完整性，做好主体性服务的基础工作，使服务内容全面、系统、扎实；三要营造学科服务良好发展的整体环境，在学科服务所涉及的各个要素中形成完整、系统的学科服务理念。

3.层次性原则

层次性原则是学科服务机制建设过程中必须遵循的重要原则。准确理解学科服务的本质是做好学科服务的重要前提。在目前的学科服务实践中，存在一种背离学科服务本质的认识，即盲目将学科服务视为"高层次"的同义词。在学科服务中，要以用户为中心，综合考虑用户多层次的需求。学科服务是全面、系统地进行学科建设的保障，需要大量的基础工作来完善。因此，应充分协调各级用户需求之间的关系和相关的元素，尽力满足不同用户的需求，从而达到学科服务工作的协调发展。

4.针对性原则

以学科为导向的服务领域广泛，综合程度也很高。在用户服务过程中，一定要有很强的针对性，才能在整体推广的基础上实现明确的目标，取得突破性进展。阐明服务化因素、用户需求与图书馆的关系，对图书馆自身的资源、人员等进行详细地研究，能够避免服务的盲目性，最大限度地提高我国高校图书馆的服务效率。针对用户需求，客观、准确地评价服务结果，应成为我国学科服务机制建设的重点。在学科服务过程中，应根据用户的特点和图书馆自身的客观条件，综合考虑学科服务的影响因素，确定合适的服务内容，选择合适的服务模式，从而使主体性服务更符合客观现实。

（三）高校图书馆学科服务机制的构成要素

1.队伍建设机制

队伍建设是高校图书馆进一步开展学科服务的最有力保障，是做好学科服务工作的最重要环节。服务人员是面向学科服务的具体实施者，也是学科服务的基础。没有高素质的学科服务人员和高水平的学科服务队伍，就不可能有高质量的学科服务。因此，充分调动学科服务人员的积极性，充分发挥学科服务人员的主观能动性，是取得学科服务实效的关键。要紧密围绕学科服务的大局，提高团队建设的科学化、规范化水平，凝聚学科服务的最大协同效应，全力支持学科建设的发展。只有提高学科服务人员的整体水平，建设一支高素质的学科服务队伍，才能从根本上激发图书馆学科服务的最大潜力。

2.资源建设机制

资源建设既是学科服务的基础，又是学科服务的核心要素。没有优质资源，学科服务将成为无源之水、无根之树，其他服务也将无从开展。资源建设是图书情报机构生存的重要基础，是学术服务质量和水平的直接影响和决定因素。加强自主创新，为学科资源整合、开发和优化提供全方位保障，奠定学科服务的资源基础，是学科服务机制的重要内容。在当前大数据环境下，高校图书馆资源建设还存在许多不足，如资源配置不合理、重复建设、发展深度不足、基础工作薄弱等。学科资源建设的广度与深度协调发展已成为资源建设机制中亟待解决的问题。

3.组织保障机制

组织建设是充分发挥学科服务人员潜力、衔接相关部门、协调学科服务整体工作的必然要求。目前，制约学科服务的因素很多，尤其是在组织建设方面。图书馆现有的组织结构已不能满足学科服务发展目标的需求。目前，我国图书馆组织结构仍以传统的读者服务为基础，部门业务分工细化、严格，学科服务功能突出程度较弱，学科服务的整体协调效果较差。人员配置不合理，导致学科服务工作纵向执行和横向协调程度较差。这在很大程度上已经成为制约学科服务事业深化发展的重要因素。大数据时代，高校图书馆学科服务要深化发展，必须进行组织结构改革。

4. 品牌建设机制

学科服务品牌是用户对学科服务产品和服务功能的理解。服务品牌对学科服务工作的发展具有极大的影响力和示范作用。品牌建设是学科服务发展到一定阶段全面提升价值的必然选择。学科服务品牌建设需要考虑品牌定位、品牌形象、品牌传播等内容。学科服务品牌代表着学科服务产品和服务功能，从用户的角度阐释了学科服务的价值，对提升学科服务的整体形象有着重要的影响。服务品牌作为服务理念和价值的集中体现，对学科服务的发展具有积极的推动作用，对图书馆自身的发展具有重要的战略意义。

5. 互动推广机制

图书馆与读者互动的广度和深度将直接影响读者对信息资源的利用效率，直接影响图书馆教育功能的发挥。学科服务强调进入院系，将用户嵌入科研过程，加强与用户的互动与整合，让用户有效了解相关资源与服务，这已成为学科服务深入发展的重要推动力。只有与用户进行良好的互动与整合，才能深入了解用户需求，提高学科服务水平。图书馆与用户之间的互动与整合将在学科服务的过程中发挥重要作用。互动的效果和效率直接决定了学科服务的整体效果和水平。要采取有效措施加强与用户的沟通与交流，切实做好学科服务工作。

6. 合作创新机制

基于学科的服务是一项复杂的系统工程，涉及许多要素。只有相关要素相互配合，才能充分巩固学科服务的力量，创新学科服务的发展，才能充分发挥学科服务的软实力。要从战略高度协调学科服务相关要素之间的关系，为学科服务的科学规划和合理布局奠定良好基础，确保学科服务的科学、健康、可持续发展。协同创新作为提高自主创新能力和效率的最佳方式和途径，也是高校图书馆突破学科服务发展瓶颈的重要途径，对于促进高校图书馆学科服务工作的深化发展具有十分重要的理论和现实意义。

7. 效能评估机制

随着用户需求的不断增加和科学服务的不断深化，图书馆与用户之间的信息服务供需矛盾日益突出。全面提高学科服务效能，有效缓解学科服务供需矛盾，成为学科服务进一步发展的关键。要发挥学科服务对高校学科建设的有力支撑作用，实现高校图书馆与学科建设共同发展的双赢。学科服务有其内在的特点，学科服务的完善是一项理论性和实践性很强的系统工程。与图书馆其他方面的评价相比，学科服务有效性的评价涉及的范围更广，也更复杂。制定与实施学科服务效能战略，对于推动图书馆工作的深化发展具有很重要的现实意义。

8. 制度建设机制

学科服务体系建设关系到图书馆乃至学校学科建设的全局，是开展学科服务工作的重要保证，也是高校图书馆的重点和发展方向。相关部门必须为图书馆营造良好的服务环境，使服务的实施更具针对性、专业性、可持续性和权威性。学科服务体系建设涉及面广、专业性强，关系到图书馆、用户、学校的整体发展。高校的学科建设是学科服务体系建设的一个重要组成部分，应构建一个科学合理的服务体系，改善图书馆服务工作，提升图书馆的核心竞争力，使其更好地服务于高校的学科建设。

三、构建高校图书馆学科服务模式

（一）学科服务的三种模式

1. 以学科馆员为主体的组织管理模式

高校图书馆的学科服务是以学科馆员作为合作伙伴，在特定学科领域内为用户提供个性化的学科知识信息服务的活动。在网络技术、数字技术的大力发展下，学科馆员从用户需求、专业化程度与知识化程度等方面入手，使学科与部门、学科馆员与图书馆、学科用户之间的关系越来越密切，图书馆学科服务要想取得成功，教师、学科馆员与学科用户必须在各方面进行协调与合作。同时，由于各学科的交叉发展，学科服务应完成不同的任务，相互渗透、相互协调。成员之间要相互借鉴、相互支持，学科服务也需要各学科之间的组织协调。在整个学科服务活动中，学科馆员是主体，起着核心作用。

为保证高校图书馆学科服务工作的持续健康发展，高校图书馆应结合自身学科建设和实际情况，以学科馆员为主体，形成合理的学科服务组织和管理模式。具体方法如下：明确图书馆学科服务的宗旨和目标，明确以学科馆员为主体的图书馆学科服务管理模式，建立相关的学科服务组织，选择合适的管理人员和学科服务团队成员；根据图书馆学科服务的管理模式和组织机构设置，完善学科服务管理的运行机制，制定切实可行的学科馆员管理制度，明确学科服务人员的职责和任职资格，根据本馆学科服务的内容和深度，制定科学合理的学科馆员选拔方法，加强学科服务队伍建设，确保学科服务工作的健康可持续发展；对学科馆员进行专业基础理论和技能的培训和教育，制定完整的学科馆员培训和教育方案。

2.以学科知识服务为核心的学科资源组织模式

学科知识服务是指学科馆员通过分析用户的学科知识需求和问题环境，收集、处理、重组相关学科信息，分析集成、挖掘发现和提取的学科用户信息，有针对性地解决学科知识服务的用户信息动态连续性问题。其实质是根据学科用户的知识需求，为其提供个性化服务和学术服务。它要求将信息资源的收集、处理、重组、开发利用等工作环节整合到各个单位，根据不同的学科情况组织相应的信息资源。随着各学科交叉的发展，学科信息资源会出现重叠的情况，因此，图书馆进行在学科服务的过程中，要进行结构调整和整合，实现资源共享和信息整合。

目前，以学科为基础的资源组织在国内外已被广泛采用，许多高校的学科图书馆都是基于学科建立分馆的。分馆为资源组织，特别是在学科特色资源建设和学科个性化资源需求方面给予了有力支持。同时，根据本院学科资源和合作的跨学科分馆、学院图书馆，形成专业学科文献资源建设体系，完善学科文献资源保障体系。特别是在重点学科资源建设方面，取得了良好的效果。

当然，随着科学技术的不断进步和发展，各种跨学科、边缘学科和综合性学科也在不断涌现和发展。如果仍然实行资源相对单一的学科组织，就不可避免地会出现资源的重复建设。因此，高校图书馆必须凭借全局的视角，根据学校学科建设的总体规划，对学科资源进行整合、类型化和重组，使各学科信息资源形成一个新的有机整体，形成更好、更高效的信息资源新体系，为学科建设和学科教学及科研决策提供依据。

3.以学科用户为中心的学科服务模式

学科馆员通过有效的组织机制和方式，为满足学科用户的信息需求提供学科信息服务。其具体的工作模式是有效的组织机制和方法的重要表现和反映。中国科学院国家科学图书馆研究员李春王先生在《学科服务模式研究》一文中将学科服务工作模式归纳为五种工作模式：基于邮件的工作模式、基于网络的交互工作模式、基于代理的工作模式、基于合作伙伴的工作模式和基于团队的工作模式。高校图书馆的学科服务模式主要分为两种：基于团队的工作模式和基于网络的交互工作模式。

团队工作模式在界定组织负责机制方面通常是基于岗位来考虑的。学科服务对服务人员素质的要求较高，而学科馆员的个人素质通常很高，但并不是全面性的，这就要求学科服务必须依靠团队的力量，只有团队才能营造不断学习和尝试、相互信任和促进的氛围。需要结合学科服务的过程、环节和工作任务，分别负责学科知识信息资源的联络、学科情报的组织和学科情报的分析、学科信息的服务等工作，并根据不同的任务明确职责并组成团队，由团队成员共同完成系统而深入的学科服务工作。在团队合作模式下，为了完成各自的工作任务，团队成员的具体操作方法和实施形式会有所不同，因此，面对面的现场沟通、邮件交流、委托代理服务是必不可少的。

基于网络的交互工作模式主要是在网络环境和大数据环境下，应用社交网络服务机制，通过学科馆员嵌入某一学科、项目和问题群中，与学科用户和资源建立关系，以用户为平台的内容建设主体，以学科馆员为平台的规范和引导，实现交互、共建、共享，是现代图书馆服务的主要工作模式。在网络社会中，利用网络获取资源已成为人们使用信息的主要方式。网络为高校图书馆学科服务提供了一个有效的虚拟沟通渠道。通过互联网将学科用户的需求及时反映给学科馆员，学科馆员也能够及时获得各种反馈。在线学术资源导航、论坛、微博、微信、维基等信息交互服务为学科馆员提供了多种多样的服务方式。同时，网络缩短了学科用户之间的距离，加强了学科用户之间的交流与合作。

（二）高校图书馆学科服务模式构建策略

1.建立健全有效的管理与运行机制，实现学科服务的可持续发展

为了保证学科服务能够正常进行并达到理想状态，可以实施嵌入式学科服务，建立有效完善的管理和运行机制是嵌入式学科服务的重要前提。首先，目标应明确，并应为发展嵌入式学科服务制订详细计划。其次，应针对学科馆员的工作完善考核标准，强化考核规范，建立有效、快速的反馈机制，对用户的反馈应通过各种渠道进行收集，同时及时回复解决问题并不断改进，这样不但可以提高学科服务的质量和效益，而且可以使更多的用户参与到学科服务中来，使学科服务得到更好的发展。

2.提高服务意识，创造品牌服务效应

具有情报分析功能的图书馆应充分发挥自身优势，并借助这一便利为相关职能部门和领导提供专业的、全面的研究分析报告，如学校科研竞争力分析、科研机构或个人投入与产出分析、教师教学绩效评价、学科发展与评价等。一方面，通过提供高水平、高质量的创新信息服务产品，形成图书馆独特的品牌服务效应，提高图书馆的形象和影响力。另一方面，根据详细的真实数据和客观事实，为学校的教学科研和管理者提供科学有效的决策。

3.构建专门的学科服务平台

在过去图书馆建设过程中，数据库资源不是其主要目标，因此，很难满足学校用户的需求。真正的图书馆平台应该是一个人性化的服务平台，应添加个性化的平台，使图书馆的学科服务成为一个系统。在传统图书馆学科服务平台，图书馆馆员和用户的沟通不足，其直接后果是服务人员不清楚用户真正的需求。因此，在现代图书馆学科建设中，这些问题亟待解决，而要完善学科服务，就要将馆员、用户和信息资源紧密联系起来，让这三方面形成一个交流的平台，这样将能够在第一时间了解并解决问题。例如，上海复旦大学，引入资源共享平台，用户可以在这个平台上实时上传自己的需求，而图书馆馆员可以在第一时间看到需求，并利用强大的图书馆信息资源分析和整合能力，根据用户的实际需求提供可行的解决方案和资源。同时，为了方便图书馆馆员与用户之间的沟通与交流，还应积极搭建各种沟通平台，如建立在线服务、学科服务微博、微信平台等，开展全方位、多领域的需求满意服务，使图书馆在科研工作中的作用逐渐凸显。

4.学科服务模式功能建设

为满足用户属性标签集成管理和学科服务智能化的需求，学科服务模式的平台功能应包括以下四个方面：多系统间的数据集成；在确保信息安全的同时共享数据；良好的数据采集和推送机制；交互式数据交换功能。多系统之间的数据集成主要包括数据资源的集成和用户标签的集成管理。分散在不同部分的数据集成，结构化标签系统和分类系统的设计，包括数据目录，多维数据分类属性和用户标签命名约定，可以对多源数据进行系统的规划和组织。

当所有的数据文档都能实现集成管理时，就要实现安全共享，即在正确的时间将正确的数据推送给用户，这就必须通过各种权限管理建立信息共享的安全机制。当共享数据的数量和质量达到一定规模时，为了保证有价值的数据在需要的时候能够被有效访问，学科服务模式应该建立良好的推送机制，通过强大的跨平台搜索功能，根据用户的属性、数据系统的价值和关联的优势，得到用户需求数据知识连接图，即对某一主题的数据进行聚类显示，使学科馆员和相应的学科用户对查询字段中的数据有系统地了解。大数据学科服务模式也需要交互通信功能，将后台的数据操作与前台的交互服务相结合。

四、高校图书馆学科馆员

（一）学科馆员应具备的基本素质

1.必须具备良好的职业道德

良好的职业道德是图书馆工作的前提和决定因素。学科馆员是联结图书馆与各学科用户的纽带，是图书馆开展信息服务的重要窗口。因此，必须牢固树立"用户第一、服务第一"的工作理念，始终把为用户提供优质、高效的服务放在首位，积极为学科用户提供服务。

2.具备图书馆学和情报学的基本知识和图书馆业务技能

图书馆学、情报学基础知识和图书馆专业技能是学科馆员应具备的基本知识与技能。学科馆员只有掌握了这些基本技能，才能更好地了解图书馆信息资源的结构、信息资源的组织与管理及信息服务的方式与方法。只有对学科馆员进行指导和培训，才能充分利用图书馆的各种信息资源，为学科用户提供相应的咨询和检索服务。

3.有学科的知识背景或专业知识

学科馆员只有具备较深厚的对口学科知识背景，熟悉对口学科的历史、现状和发展趋势，了解主要学术流派和主要对口专业信息资源，才能更好地与用户进行学术交流和讨论，了解其需求，并进一步了解相关学科信息资源、信息组织、专业发展，更有效地为学科用户提供学科专业服务。

4.良好的计算机技能和外语能力

在当前的大数据和网络环境下，图书馆的信息对象、信息处理方法、信息服务模式和内容都向数字化、自动化、网络化方向发展。教育部于2002年2月21日颁布的《普通高等学校图书馆条例（修订）》第11条提出："高校图书馆应根据学校教学科研的需要，根据图书馆馆藏的特点和区域性或系统性文献保障体系建设的划分，开展特色数字资源和网络虚拟资源建设，整合物理资源和虚拟资源，在互联网上形成统一的采集系统。"第18条和第22条将"在线信息资源引导服务、在线信息资源协同服务和其他网络服务"与"采用现代技术手段，加强自动化、网络化、数字化建设"纳入规定。

此外，还有大量的外文科技文献，是读者了解世界科技发展现状和趋势的重要途径。从用户对信息资源的使用情况来看，很多用户都希望使用数字外语信息资源。调查结果还表明，在开发和利用中国科学技术的数字信息资源方面，语言信息用户最常询问的中国科学院、中国信息研究所、北京大学图书馆、清华大学图书馆、国家图书馆和其他机构的语言基本都是外语。近年来，各大图书馆大力加强了外语信息资源的数字化建设，学科馆员必须具备更高的外语水平才能为用户提供优质的服务。

5.了解、掌握对口学科的网络信息资源

学科馆员的重要职责是搜集、鉴别和整理对口学科的网络信息资源，并在图书馆主页上按照学科大类建立链接网页。所以，学科馆员必须了解、掌握各种网络信息资源，以便有效地为学科用户提供对口信息服务。

（二）学科馆员团队良好运行的保障机制

1.团队建设是保证团队良好运行的内在动力

要为教学、科研提供优质的信息服务，必须有一支专业结构合理、技术水平高、勤奋奉献的高素质图书馆馆员队伍，这是高校图书馆发展的内在力量。图书馆在加强学科馆员职业道德和服务标准、加强馆员职业道德教育、树立良好服务形象的同时，还应注重馆员职业素质的提高，鼓励和支持学科馆员积极提高其学历水平，派出业务骨干进行培训或外出学习，培养出一支高效、高水平的团队。总之，团队能力建设的过程需要管理层的精心设计和规划，需要各方的参与和支持，需要制定明确的政策，从机构创新能力和可持续发展能力的角度为图书馆的发展提供动力。

2.文化建设是保证团队良好运行的精神支柱

图书馆文化的概念是 20 世纪 80 年代由美国图书馆界提出的，其内涵十分丰富。它大致是指图书馆是在日常活动中形成的，为所有图书馆馆员普遍认可和遵循的工作目标和宗旨、价值标准、基本信念、理想和行为规范。每一个有图书馆人员活动的组织空间都有"文化"的痕迹。图书馆文化可以在图书馆中形成一种强有力的环境。

通过目标文化、制度文化、馆员文化、服务文化四个方面，建设图书馆的服务文化，充分尊重和发挥图书馆馆员的作用，充分利用具有开拓精神和创新能力、综合素质较高的图书馆馆员，来增强其团队服务意识。目标文化和制度文化的建设主要是通过反复强化，将图书馆的目标和制度转化为馆员的一种自律行为，进而达到自我激励和自我约束的目的。图书馆馆员文化和服务文化实际上是一种形象文化。图书馆的各项职能和任务都是通过馆员良好的职业素质和服务来实现的。馆员的专业素质和服务水平决定着图书馆的整体水平和形象。要提高图书馆馆员的专业素质和服务水平，必须形成刻苦学习、团结合作、积极进取、尊重读者、认真负责的工作氛围。这种氛围一旦形成，就会成为一种不成文的制度，任何一个图书馆工作人员都会被这种氛围所感染和影响，并融入其中。

（三）大数据环境下高校图书馆学科馆员的培养

1.通过自主学习进行自我培养

在大数据环境下，知识的更新和老化速度非常快，与信息技术密切相关的学科的服务速度更快。学科馆员必须树立学习无止境、终身学习的观念，不断学习新技术、新理论、新方法、新知识，只有这样才能更好地完成工作，实现人生价值，跟上时代的步伐，提高自身的知识水平和素质，并提高其学科服务水平，从而更好地履行职责。

学科馆员具有自主学习的有利条件。首先，学科馆员自身具有较强的学习能力，具有较高的信息检索能力和知识获取能力，这是学科馆员开展自主学习的最有力武器。其次，学科馆员具有自主学习的有利场所。学科馆员所在的图书馆是知识信息存储中心和知识交流中心，藏书丰富，技术手段和设备先进，学习环境和氛围良好，是学习的好地方。最后，学科馆员服务的对象主要是学科用户，其中许多是与之对应的学科带头人、学者，他们对知识信息的需求具有高、精、深的特点。学科馆员要做好自己的服务来满足用户的需求，就必须学习相关学科的知识，这个过程本身就是最好的独立学习过程。

学科馆员自主学习的内容是与工作密切相关的知识和技术。信息技术是一类更新快速的知识，学科馆员虽然不像IT专业人员精通信息技术，但是仍然需要掌握常用应用程序，只有这样才能更有效地搜索、处理、传播知识，跟上时代发展的步伐，为用户提供更好的服务。图书馆信息科学与信息技术是密切相关的，信息技术的创新往往使图书馆信息科学知识得到更新。此外，图书馆学和情报学都是比较年轻的学科，其基础理论还处于不断丰富的过程中。因此，图书馆学和情报学知识的更新是非常快的，学科馆员需要经常关注和"充电"。而且，对应主题由学科馆员的知识也在不断更新，所以有必要关注发展前沿，热点和学校的变化对应主题，扩大知识范围，更新知识体系，为用户提供更新的知识信息，以免被用户抛弃。

2.通过培训获取培养机会

（1）馆内培训。在图书馆内建立学科馆员定期知识和经验交流机制，组织学科馆员参加专业知识讲座，以旧换新。由于每个学科的图书管理员服务于不同的学科用户，他们平时很少聚会，图书馆应创造条件，让他们定期会面，最好每周一次，彼此交流工作经验，将个别学科服务中积累的隐性知识转化为团队的显性知识。同时，由于工作的需要和大量新技术的突然更新，学科馆员需要接受适当的教育和培训，了解新理论、新知识、新方法和新技术，并将它们应用于学科的实践服务。

（2）馆外培训。有组织、有计划地安排学科馆员到相应的培训机构接受培训或进行考察学习，是培养学科馆员、提高学科馆员知识水平的有效途径。这能使学科馆员了解学科服务的前沿，促进学科服务的全面发展。高校图书馆管理者应适当选择一些学科馆员参加图书馆外的学习和培训。培训方式有以下几种。

一是学术服务经验交流报告会。通过听取经验丰富、优秀的学科馆员或学科服务经理的汇报，与同行进行交流和讨论，获取其他图书馆学科服务的成功经验，以指导本馆学科服务的发展。

二是学科馆员培训课程或对学科服务进行良好的发展考察和学习。参加学科馆员培训班可以系统地学习学科服务知识，快速提高学科服务能力，对于新的学科馆员和预备学科馆员尤为重要。作为其他图书馆经验丰富的优秀学科馆员的助手，体验高校图书馆学科服务的实践，学习其他图书馆成熟的学科服务经验，也可以迅速提高学科馆员的学科服务水平。

三是到国外图书馆进行学习。有条件的图书馆可以安排少数学科馆员到国外考察学习，学习国外大学成功开展学科服务的经验。国外许多高校图书馆的学科服务已经实践了几十年，具有较为先进的服务理念，积累了丰富的学科服务经验，具有先进的信息技术服务技术，深受用户欢迎。有条件的图书馆能可以组织青年学科图书馆馆员出国留学考察。

3. 引进学科馆员人才

学科服务通常直接与学科研究领域有关，随着科学技术的飞速发展，高校图书馆人员现有的专业知识结构远远不能满足学科服务的需要，图书馆只有引进具有专业知识背景的高素质人才，丰富学科馆员队伍，不断完善学科馆员服务结构，才能不断深化学科服务。例如，清华大学、北京大学、武汉大学和中国科学院图书馆招聘的学科馆员必须具有博士或硕士学位，具有相关的专业知识背景。但不同高校学科服务的具体内容、服务模式和服务要求都不尽相同。因此，有必要根据图书馆和学校的实际情况对学科馆员开展综合培训。同时，学科服务是动态发展和变化的，学科馆员要适应学科服务的发展和变化，不断提高自身的综合素质和知识水平，才能更好地完成学科服务工作。

4.培训外部高级学科专家和兼职学科馆员

高校图书馆应聘请相关学科的资深专家担任课题顾问。通常这些资深的学术专家在本学科领域都有很高的学术造诣和威望。由于长期从事本专业领域研究，他们对相关学科的知识有独特的理解和见解，提供的学科服务更具有权威性、可靠性和指挥性，而学科信息是图书馆馆员与学科人员交流的重要内容。然而，他们并不是全能的，他们应该根据学科馆员的条件和要求，再进行其他方面的能力提升，如图书馆与信息专业知识和技能、信息能力和信息素养等。这样，才能更好、更热情地为学科用户提供学科文献知识信息服务，真正成为学科研究和学科用户信息需求的顾问，更有效地支持、协助和配合高校图书馆学科服务工作。

五、高校图书馆学科服务评价

学术服务是图书馆新的服务手段，具有发展性、主动性和深层次的特点。随着我国图书馆学科馆员制度的普遍建立和学科服务工作的深入开展，为保障我国学科服务的可持续发展，提高我国学科服务的质量，我国建立了科学合理的图书馆学科服务评价指标体系，它是我国健全学科馆员体系的重要组成部分。建立一个全面、系统的评价体系，将以学科馆员为主导的服务工作纳入图书馆系统管理，以保证图书馆系统管理的高效率、高质量，是完善学科馆员制度的重要任务和依据。

学科服务评价实际上是对学科馆员服务水平和服务质量的监督过程，是对学科馆员服务价值的判断过程。评价是根据学科馆员的服务能力、服务绩效和服务全过程进行的，其主要目的是使学科服务更符合图书馆和读者的要求，达到提供优质高效服务的目的。因此，学科服务实施后，有必要建立一套评价体系，对学科服务进行客观评价。一般来说，学科工作评价的作用主要体现在指导、激励、改进和晋升等方面。具体表现在以下几个方面。

（一）科学有效地衡量学科服务质量，完善学科馆员制度

学科服务具有高层次、深层次、针对性强的特点，其服务水平在很大程度上代表着高校图书馆的服务水平，其服务质量的高低将直接反映图书馆的服务能力，影响服务效果，关系到学科服务的长远发展。学科服务的内容和质量是否满足了用户的需求，严格地说，必须通过科学的评价来体现。因此，对学科服务质量进行全面、科学、客观的评价，不仅是完善学科馆员制度的需要，也是判断学科服务质量的客观依据。

（二）促进服务模式改进，提高服务质量

学科馆员在实施学科服务中发挥着重要作用。学科馆员充分发挥自身的专业水平和服务技能，充分挖掘和利用图书馆资源，为用户提供专业、深入、有针对性的服务，在图书馆和用户之间架起了一座桥梁。然而，在实际的服务过程中，学科的特点、学科馆员的专业能力和技能、学科馆员的组织协作能力、用户的期望等因素都会导致服务质量和读者满意度的差异。通过评估，可以有效地把握学科馆员的服务状态和不同的服务模式，从而为提高服务质量提供依据。

（三）体现学科的服务价值，发挥图书馆的服务能力

主题服务是图书馆服务的一种新举措和新发展。它为用户提供主动的、个性化的、有针对性的服务，能够快速地被用户接受和识别。在纪律性评价过程中，用户评价在很大程度上反映了服务的影响因素，综合影响因素，通过对纪律性服务的各种评价的研究，可以比较客观地反映服务绩效和价值，科学、有效地反映了学科化服务的实际效果和领导力，也方便向用户显示图书馆的服务能力。通过评估结果，图书馆的服务将得到改善和指导，其整体水平将登上一个新台阶。

（四）增强馆员的职业价值观和职业归属感，优化人员管理

学科馆员是学科服务的主力军，也是学科服务实施的主体。对学科馆员的主体性服务进行评价，可以增强学科馆员的岗位意识。学科服务

的挑战性和创新性，可以全面提高学科馆员的专业能力和综合素质，为学科馆员的专业提升和职业发展奠定十分坚实的基础。培养学科馆员的专业技能，让馆员对图书馆职业的形成价值归属感和认同感。通过评价，学科馆员可以更具体地了解自身工作的成就、不足和差距，有利于鼓励学科馆员向更高的目标和方向努力。学科馆员也可以自觉追求学习与进步，自觉提高自身的专业技能。同时，建立和完善学科服务评价机制，将学科馆员的工作纳入图书馆系统管理，进行评价、奖励、考核，是调动馆员工作积极性、提高服务质量的重要手段。

第四节　高校图书馆读者服务平台与创新

一、高校图书馆读者服务平台

（一）微信平台

1.微信应用于读者服务的主要内容

（1）实现信息推送服务。信息推送是微信平台的基本功能。图书馆的微信平台主要向用户推送信息，包括图书馆的讲座、最新的通知和留言、馆藏查询、电子资源信息、借阅信息等内容。用户在浏览手机时接收到这些碎片化的信息，可以随时随地了解图书馆的活动，并获得图书馆提供的各种服务，如，推荐好书、阅读推广活动、提醒读者逾期借书等。除此之外，读者通过他们的手机还可以相互交流，与朋友分享这些信息，并转发给其他读者。这样可以进一步丰富读者获取信息的渠道，有效提高图书馆读者服务水平。

（2）业务独立办理。高校图书馆通过微信平台公众号设置业务管理功能，方便读者随时随地接受图书馆服务，实现网上借阅、网上信息咨询、网上续借、网上预约等服务。通过微信平台，读者可以查询 OPAC 馆藏图书、上架最新图书、热门图书推荐等。用户可以通过微信了解图书馆的最新讲座和公告，如果在查询过程中遇到问题，可以通过微信的智能响应功能获得系统的自动响应。

（3）开展用户教育服务。如今，微信已经成为大学生生活和学习的一部分。高校图书馆可以利用微信拓展和推广图书馆服务。例如，可以将微信作为读者教育的平台之一，针对不同的读者群体开展不同的教育工作；对于新入学的教师和学生，可以开展全方位的图书馆教育，包括图书馆的构成、规章制度、馆藏的分发、电子资源的利用等，通过文字、图像、声音、视频等方式全面展示图书馆的馆貌，使读者在进入和使用图书馆之前对图书馆有一个全面的了解。对于最初的读者，可以定期开展信息素质教育，除了向读者介绍新的数据库、电子资源及其他功能和使用技巧，还应该及时帮助读者解决使用图书馆的服务和资源遇到的问题，构建一个基于微信的网络学习社区。

（4）开展参考咨询服务。读者在使用图书馆时会遇到一些问题，而参考咨询服务正是解决这些问题的一种服务方式。参考咨询服务评价指标为读者回答各种问题，以及时有效的方式为读者提供丰富的参考信息资源。

2.高校图书馆微信平台读者服务策略

首先，树立角色意识，融入时代理念。

大数据理念给各行各业带来了新的机遇和挑战。威瑞森电信公司的迈克·博迪表示，当今的大数据挑战来自如何有效地管理难以想象的海量数据，以及如何将其整合成人们需要的有用信息。高校图书馆在使用微信的过程中会产生大量的用户数据，如何有效地利用这些数据是当前图书馆的重要任务。高校图书馆在大数据时代必须要树立信息咨询的主动意识，改变传统的等待用户提问的方式，从被动资源提供者的角色转变为主动帮助者。与此同时，图书馆应积极将大数据的概念融入工作过程中，关注用户微信行为，通过阅读每条消息推断出用户的关注点，并进一步加强微信的功能，使其更适合用户的行为和习惯。

大数据不仅是一种理念，更是一种技术和方法。微信图书馆作为信息咨询的一种形式，始终与图书馆用户保持着密切的联系。这就要求图书馆要紧跟时代发展的潮流，积极改变思想观念，批判性地接受新思想、新技术、新方法。微信图书馆的发展时间并不长，图书馆馆员要有大数据意识，注意用户数据和文本数据的保存和利用。

其次，重视读者信息需求，创新图书馆个性化服务的内涵。

只有充分了解读者的阅读需求，把握读者的心理特征，图书馆服务才能被读者认可和接受。高校图书馆读者的需求主要分为大学生的需求和教师的需求。大学生的阅读需求可以分为专业知识阅读和课外阅读需求。本科生、硕士和博士对不同知识深度和广度的需求也不同。教师的需求有教学指导的需求，有科研材料的需求，也有拓宽研究领域的需求。基于此，高校图书馆一方面应加强微信导航服务建设，建立不同学科、不同专业、不同类别的多层次信息导航框架，使信息服务结构更加鲜明；另一方面，高校图书馆应通过数据挖掘等技术，找出不同读者需要的图书信息主题，提供个性化的信息定制服务。总之，只有提供个性化、多层次、有针对性的推荐服务，读者才能获得所需，高校图书馆读者服务的内涵才能得到创新性地体现。

再次，完善平台管理体制，创新图书馆互动服务机制。

微信已成为高校师生交流最常用的工具，图书馆应更好地利用这个工具，优化图书馆读者服务工作，以服务为最高目标，以协同服务机制为创新，构建一个更完善的能够满足高校读者需求的微信平台管理系统。一方面，图书馆应将微信平台管理融入日常工作中，提供充足的资金、设备和人员支持。另一方面，要深入挖掘微信平台的功能，创新服务理念，大力发展有利于教师推荐、学生反馈、师生互动的特色栏目。同时，要建立一支高素质、服务意识强的专门队伍，为广大师生提供参考咨询服务。此外，加强图书馆微信平台的推广也是实现交互式服务的重要措施。应通过校园网站、电台等宣传手段，拓宽师生对微信平台的认识，通过新生入学讲座，普及微信平台的使用率，并开展读者投票，平台上的猜谜等活动，激发读者的热情，鼓励读者使用图书馆的微信平台。

最后，了解读者需求，提高创新服务。

微信公共平台免费开放，上手简单，但更强大的个性化功能需要用户自己开发。因此，腾讯提供了开放的 API 接口，用户可以开发和搭建自己的第三方服务平台，实现与所在单位内部业务的无缝对接，实现了微信移动业务更高级功能的突破。

阅览室订座服务是一种创新服务。图书馆独特、良好的学习氛围让读者向往。每次到了期末复习期，图书馆的座位都非常紧张，造成了很多不必要的纠纷。一些高校图书馆针对微信的功能扩大了服务内容。例如，重庆大学图书馆的微信公共平台就利用"扫描"功能为读者开通了二维码扫描服务。读者只需扫描贴在桌子上的二维码就能得到座位。通过使用微信公共平台的定制模块，图书馆可以逐步增加读者期望的服务，改善工作中可能存在的不足。

统计关注平台的读者类型也是一种创新服务，即集中对每个平台的读者类型进行统计，根据专业和兴趣分组，设置用户标签。每个领域都可以使某一特定学科的图书馆馆员组成讨论组，读者自愿提出自己的想法和意见，供大家学习讨论。有了讨论组的读者还可以作为朋友，互相补充各种信息，开阔视野。图书馆微信平台发布了学科馆员账号，供各专业、各种兴趣的学生添加，形成了以图书馆为主体、学科馆员为辅助的新服务模式。

（二）微博平台

1. 微博服务的主要内容

（1）信息发布。高校图书馆可以通过微博发布各类即时信息，如图书馆公告、培训和活动信息、新书推荐、书目指导等。通过微博的宣传，读者可以了解图书馆最新的活动信息和资源利用信息，从而更好地进行选择和利用。同时，也可以对当下的热点话题发起讨论，引发读者的广泛讨论。

（2）信息传递。由于微博字数有限，图书馆可以通过微博提供图书馆网站、参考资料、博客等多种服务形式和内容的链接，传递信息，方便读者了解和使用。比如，绑定博客、自动发送链接、更新微博文章等。

（3）信息咨询。信息咨询主要回答用户关于资源和服务的问题，很多图书馆的微博都涉及信息咨询服务。在微博平台上，读者的建议将不受时间和空间的限制，能够动态访问信息资源。同时，即便图书管理员不能及时回答读者的问题，其他微博用户也可以主动回答问题，扩大了咨询对象的范围，实现了资源的合理利用，拓展了读者服务的时空边界。

（4）师生交流平台。作为读者之间的协作沟通工具，微博可以帮助读者快速解决问题，也可以为读者提供学习交流的平台。

（5）调查工具（投票）。新浪微博有一个投票区，可以做民意调查、产品调查和企业市场调查。图书馆可以对热点话题发起投票，进而帮助图书馆快速触及读者的心理、对图书馆的感受和最新需求，为图书馆建设提供参考建议。

2.图书馆利用微博进行读者服务的应用策略

（1）与其他交流方式相结合。微博独特的传播方式给图书馆的服务工作带来了很多启示。但现在的信息传播方式微博并没有占据主导地位，这就要求图书馆馆员应将其他信息传播方式和微博有机结合起来，这样才能有效地促进信息交流，扩大信息传播的范围，还可以为读者提供更深入的服务。

（2）定期整理微博文章。由于微博信息传播具有分散传播的特点，所以在传播过程中信息是分散的。因此，要定期对微博文章进行整理，使交流更具时效性。图书馆馆员还应定期发布新文章，让读者主动地关注图书馆的微博。如果长时间没有内容更新，一些读者就会取消对图书馆的关注，不利于高校图书馆微博的长远发展。

（3）及时回应读者的提问。关注高校图书馆微博的读者肯定对图书馆感兴趣，所以高校图书馆的管理人员也可以关注这些读者。在关注读者的时候，应该选择那些高质量的读者来关注。一些读者会提出关于图书馆的问题，管理人员应该及时回答读者的问题，这样不仅可以解决读者的问题，还可以增加读者对图书馆的信心。

二、大数据时代高校图书馆读者服务的变化与创新措施

（一）大数据时代高校图书馆读者服务的变化

1.读者服务内容的变化

目前，高校图书馆已逐步从封闭图书馆向全面开放的图书馆转变。读者服务也更加活跃，不再采用纸质印刷服务模式，而是为读者提供多样化的数字化服务。在社会进步和发展的过程中，高校图书馆传统的、单一的服务模式，已不能满足读者的实际需求，高校图书馆既要为读者提供传统的文献馆藏服务，又要通过数字化网络开展多样化的知识信息服务。

2.读者服务对象的变化

随着计算机网络的飞速发展，高校图书馆不再受时间和地域的限制，其服务对象具有多样性和层次性。除了所有的教师、学生和科研人员，学校以外的各种社会团体都可以在一定的权限范围内使用相应的文献。

读者不仅可以在图书馆与工作人员面对面互动，还可以在户外或家中进行自助文献查询和请求。

3.读者服务需求的变化

高校图书馆的读者服务逐步向自动化方向发展。电子阅览室逐步建立，服务模式更加便捷、数字化。读者的服务方式日益多样化，主要有电子阅览室、自助服务站等。读者可以在图书馆借阅图书，也可以在其他时间和地点借阅图书，利用网络查询个人借阅信息，预约和续借图书。高校图书馆服务模式的转变满足了读者的个性化需求，使读者能够更快地获得所需的文献。

（二）大数据环境下高校图书馆读者服务创新措施

1.通过回溯建库提供个性化服务

对于高校读者来说，他们对馆藏资源的需求一般集中在科研和教学方面，具有一定的专业性。在当今社会背景下，知识的重组和更新速度非常快，如果读者想要了解某一领域的最新发展，就必须完成对文献信息的深入挖掘。因此，读者在数据检索和文献检索过程中更加注重信息获取的准确性，这就要求高校图书馆根据读者的需求实现服务模式的创新，从而为读者提供个性化的服务。

此外，特色图书馆还可以充分发挥图书馆特色资源的优势，既能满足用户不同的信息需求，又能实现一定范围内的资源共享，从而更好地为科研服务。对于图书馆而言，采用这种服务模式有利于确立图书馆的品牌地位，从而提升图书馆的核心竞争力。对于读者来说，采用这种模式可以保证图书馆服务内容的深度和广度，保证文献资料的准确性，从而更好地满足自己的个性化需求。

2.创新服务内容和手段

不断创新图书馆读者服务的基本内容和手段，必须积极运用现代信息技术。高校图书馆可以提供基本的网络信息服务，依托图书馆网站为读者提供一些基本的常规服务，如，网上借阅、ISBN查询等。也可以定期开展培训讲座，向学校申请专门的多媒体教室开展文献检索、网络信息技能等知识培训，鼓励师生积极参与图书馆系列讲座，大力宣传相关知识，开展丰富多彩的活动，定期举办读者沙龙、阅读节、数字资源宣传月等活动，让广大师生充分了解图书馆的数字资源。此外，还可以在校园内发放各种宣传册，提高师生信息检索水平和对图书馆信息服务的认识。图书馆提供互联网咨询服务，可以利用聊天技术实现网络实时咨询服务，也可以依靠 BBS 定期解答读者的问题。

3. 提高信息资源利用率

进一步优化馆藏结构是提高图书馆文献信息资源利用率的关键。满足高校图书馆读者的需求，贯彻信息资源结构的基本原则，按照师生间教与学等各方面的要求科学地设置图书馆文献资源和电子资源。同时，应积极应用现代网络技术构建信息资源快速检索系统，让读者能够更快速地对文献资源进行检索。高校图书馆还可以通过网站主页展示馆藏资源、借阅业务等服务项目。读者的日常问题也可以通过论坛或群组、微信公众号、微博或邮件等方式得到解答，还可以通过在线咨询的方式第一时间得到解答。

4. 提升人员素质，做好组织建设

在新媒体环境下，高校图书馆应不断提高服务人员的管理素质，树立正确的读者服务理念，提高管理效率。高校图书馆的读者服务工作要求高专业素质的员工，这就要求服务人员拥有先进的服务意识，充分体现读者的利益，把读者当作很重要的服务对象，深入了解目标群体的需求。此外，服务人员还要对图书馆内的资源进行有效的管理，充分发挥图书馆内资源的优势，为更多的师生提供服务。高校图书馆工作人员也要丰富自己的专业知识和专业素质，对图书馆资源进行科学分析，建立更加科学的管理模式。高校图书馆还需要选择一批工作人员，分配到各个学院作为信息服务的联络人，为各院系、各专业的学生提供更多的科学文献信息导航服务，进而形成大学生学习的服务体系。

5. 优化管理体系，做好控制施工

在大数据和新媒体环境下，高校图书馆的资源和服务内容十分复杂。只有构建系统的控制体系，根据具体情况实施有针对性的控制，才能实现高校图书馆读者服务效益的整体优化。为实现上述目标，高校图书馆应完善内部管理制度，根据读者的服务需求细化管理内容，确保工作人员在管理过程中有章可循、有据可查。高校图书馆应按照相关规定，严格控制服务人员的行为，减少服务偏差，为读者提供优质的信息服务。

高校图书馆还应建立较为完善的监督机构，对读者服务人员的工作进行监督和评价，并根据绩效考核指标分析读者服务水平和服务质量，从而充分调动服务人员的积极性和主动性，从根本上满足读者的服务需求。

6. 建设智能图书馆，提供优质读者服务

（1）精确的服务。通过无所不在的网络，智能图书馆可以随时了解读者的阅读需求和阅读习惯，随时掌握读者的阅读行为和阅读趋势。通过各种数据分析工具，智能图书馆可以分析读者的行为和习惯，掌握读者未来的需求或可能的需求，为读者提供更准确、更完整的需求解决方案，使读者服务内容更精细化、更准确。例如，在借阅服务中增加了微信借阅服务，如，借阅、归还、逾期信息提醒等。通过大数据分析工具，根据读者的借阅行为来分析读者的借阅需求。在参考咨询服务中，通过对参考内容的分析，提供 24 小时实时的参考咨询服务，为读者提供相应的、有针对性的解决方案。

（2）智能云服务。智慧图书馆时代，包括馆藏资源、开放存取资源、网络资源、机构知识库、个人知识库、社区信息等在内的各种服务都可以借助智能设备进行互联互通，利用智能技术对各种资源进行整合、分类、加工，并存储在图书馆的云中。通过无处不在的网络环境，图书馆在全面感知的基础上，可以随时随地一站式介入，为读者提供智能云服务。这极大地拓展了高校图书馆的服务资源，丰富和充实了服务资源，使资源利用率更高。

第五章　新形势下高校图书馆信息服务的发展与创新途径

第一节　信息服务智能化与个性化

在当今社会，由于网络信息技术的发展，信息资源的获取不再受地域的影响，信息检索方式变得更加自由化。用户所关心的问题不是怎样才能获取信息，而是怎样从海量的信息中查询出自己所需要的信息。大数据技术的重点信息就是告诉用户"这是什么"，而不是"这是为什么"。大数据技术能从复杂的数据集中找到新的思路，从而找出事物与事物之间的关系，提出问题的解决方案。

大数据技术通过对信息的反复查找、分析和处理，最终实现用户的信息服务要求，这便是图书馆信息服务所要达到的目标。除此之外，这项技术为了更好地服务用户，能根据用户信息需求的变化不断地进行技术调整和信息重组，始终保证能满足用户解决问题的信息需求。

一、信息服务智能化

在这个日益更新的网络化时代，图书馆只有采取一定的智能化服务才能满足大多数用户的信息需求。在图书馆信息服务中用户有举足轻重的作用，始终占主导地位。如何利用大数据技术进行自动化的数据收集与处理成为图书馆智能化发展的重心。首先，图书馆可以采取自动化分析和智能抓取数据的方法，去分析用户的信息需求倾向；其次，掌握信息需求动向，发现其中的规律，总结和归纳出用户所需要的有用信息；最后，需要主动去帮助用户从分散的信息中获取有价值的信息，从而提高信息服务的时效性和针对性。智能化的信息服务不仅可以实现用户潜在信息需求向现实信息需求的转化，还可以实现隐性知识显性化的转变，同时也可以帮助用户发现和挖掘知识，以及更好地吸收和理解知识。这就是图书馆采用智能化所能达到的效果及未来发展的趋势。

二、信息服务个性化

一些用户在互联网查询商品时经常遇到这种情况：打开一个链接，下面会出现购买商品与其他商品的信息，如经常提示用户"您可能会喜欢""货物已浏览""每个人都看"等。出现这种情况的主要原因是各大网站对用户的行为路径进行了分析，总结出了用户的普遍习惯，从而对用户进行了个性化的信息服务推荐。这种方式同样也给图书馆带来了启示。图书馆馆员可以根据用户的借书记录和检索日志进行数据分析、数据挖掘，发现规律，利用互联网为用户提供动态页面推送服务，将用户感兴趣的主题实时发送给用户，为用户节省大量的时间，从而提高信息服务的效率。

在大数据时代，用户对图书馆数据的需求已不再局限于简单的信息查询和反馈，而是集中在信息源上。与此同时，用户对信息的需求增加，要求图书馆不断提高信息综合程度和价值。为了满足用户的信息需求，图书馆不仅需要提供现有的图书馆数据库和书目数据库等结构化数据，还需要提供互联网上的半结构化数据和非结构化数据。在大数据的背景下，为了更好地利用这些数据，图书馆应该及时掌握一些大数据处理技术和工具，根据用户记录的信息资源的使用历史，了解他们的专业背景，根据学术研究方向以及阅读兴趣，进行大数据相关性分析，找出存在的规律，最后为用户提供他们所需要的深度信息。

图书馆应根据自身的馆藏情况，主动定制书目数据、文献信息等专题信息，并定期推送给用户，真正实现个性化信息服务。

（一）个性化引擎的建立

搜索引擎因强大的搜索功能而受到了大家的青睐。那么针对图书馆而言，也需要建立一个个性化的发现机制，以便对不同数据进行表征、分类和评价等。建立的个性化推荐系统能够为用户信息需求提供准确推荐，并且能够完成信息的全面收集，扩大信息范围。其推荐结果应该满足时效性、准确性、可用性等特点，也能够及时地对推送给用户的信息作出反馈。我们建立的个性化服务推荐机制肯定各有不同，但是针对图书馆而言，一般要基于图书馆网站内容，充分利用用户信息行为和信息来源为用户进行个性化信息推荐。这种推荐行为是根据用户行为数据和浏览历史记录信息需求来进行的，具有一定的实用价值。

（二）大数据时代云搜索服务的发展

所谓云搜索是指可定制的、智能化的网站搜索，其核心价值是确保所有资源用户都能根据自己的信息数据需求找到合适的信息，并保持较高的满意度。平均站点搜索支持所有论坛、移动应用和 CMS。这样做不仅可以为服务器节省资源，使搜索不受限制，还可以提高搜索速度。同时，网站内搜索的优点是搜索结果更准确、搜索效率更高、筛选方法更多样等。云搜索可以根据网站的不同数据类型定义搜索条件，为用户创造各种定制需求。准确的内容推荐还可以提高网站的流量，增加用户黏性，扩大搜索范围。目前，云搜索服务的主要内容包括网站搜索、帖子页面推荐、单词搜索、弹出推荐、参考推荐、首页热词分析等。站点搜索是云搜索服务最基本的功能，它可以根据用户信息需求的变化定制结构化数据，并在固定时间更新数据，这给云搜索服务带来了巨大的好处。此外，还有常用的首页热词分析，首页热词分析是云搜索服务的运营助手，可以根据信息流动态搜索信息资源及时反馈给用户，这是云搜索服务的一项重要功能。

（三）大数据时代的云推荐和推送服务

Refer 是各类商业网站或专业信息网站常用的云推荐服务。推荐服务需要匹配关键字，从所有搜索引擎（百度、谷歌、云搜索等）到达页面

（可能是发布页面、首页、板块页等）。当搜索关键字被激活时，页面上会出现更多相关内容的弹出框。让外部搜索引擎到达网站的用户在网站中看到更多相关内容，对网站产生信任感。云推送服务的优点是可以推送给一个人，也可以推送给一群人、所有人。一个终端上的多个应用共享一个业务流程和一个 TCP 长连接，从而有效降低了数据流。

使用云推送服务的用户可以使用"无账号登录"。这样一来，一是增强用户黏性，通过 TCP 长连接，将消息实时推送到用户端，与用户保持沟通，大大提高用户黏性和留存率。二是节约成本，在省电、省流量方面远远超过行业水平。基本的消息推送服务是永久免费的，这大大节省了开发者的推送成本。三是推送安全，强大的分布式集群长期为百度主要产品线提供推送服务，保证了消息推送服务的稳定性和可靠性。

（四）大数据时代图书馆个性化服务体系建设

从以资源为中心的数字图书馆到以读者为中心的大数据图书馆，最重要的是要全面满足不同读者的用户个性化信息需求。应用大数据可以加强对用户交互数据的利用，在分析用户数据的基础上，提高个性化服务水平，开展问题设置跟踪服务、精准服务提供、定制化知识关联服务和信息推送服务。面对快速增长的大数据，图书馆从大数据中提取有价值的信息，建立个性化的用户分析模型，为不同用户提供全面的、准确的信息资源，满足其个性化服务需求，提高信息服务水平和服务质量。为了满足图书馆对大数据的需求，需要在以下几个方面取得突破。

第一，数据挖掘技术是大数据应用的核心。数据挖掘是从大量不完整、有噪声、模糊和随机的数据中提取人们事先不知道的、隐藏的、潜在的、有用的信息和知识的过程。这个过程也被称为考古数据、考古学数据、数据模型分析（Data Pattern Analysis）或功能依赖分析（Functional Dependency Analysis）。个性化图书馆首先要求文献资源具有个性化的特点，使有限的资金和宝贵的空间可以用来购买读者真正需要的文献，提高文献资源的使用效率，并根据学校的专业设置和教学科研情况，分配文献采购成本，从而在各种形式的文献载体之间达到平衡。图书馆每天都会产生大量可以指导采购工作的数据，如自动化系统的流通数据、图书馆的历史采购数据、查询系统的各种查询数据等。可以利用模糊聚类分析技术，对图书馆业务系统的图书借阅、流通、检索要求和藏书情况进行分析挖掘，分析文献利用率，及时补充文献，淘汰过期文献或减少购买部分文献。使用关联分析技术，可以对用户所借阅的文献进行关联分析，找到各种文献之间的关联规则或比例关系，为各学科文献的采购提供分析报告和预测报告，优化馆藏结构。

第二，用户行为分析系统。用户在借阅过程中产生大量的借阅数据。图书馆一方面通过对用户的学科和专业背景，及其相关研究趋势进行宏观分析，了解最新的用户研究，并结合相关历史图书馆数据用户，推测用户的借阅习惯和借阅趋势，采用数据挖掘技术，定制与其借阅相关的文献资源，通过推送技术向用户推荐相关文献资源。图书馆应加强在科研领域的研究，为科研人员提供更多有价值的信息，提高服务的针对性、有效性和质量。另一方面，根据用户的借阅数据分析，判断用户的整体借阅情况，如流行趋势、近期借阅图书，有效评估图书馆藏书情况，预估读者的关注程度，并根据图书资源评估、现有文献质量评估和读者对文献的需求，合理购买文献资源和电子资源，以更好地满足读者的需求，提高图书馆信息资源的利用率。。

第三，选题跟踪服务体系。对重点学科进行选题跟踪是高校图书馆的一项重点工作。学科跟踪服务是指高校图书情报部门积极、及时、持续地为科研人员提供文献资料，收集信息和数据，最大限度地满足科研人员的文献信息需求的服务。学科跟踪服务利用 Web 挖掘技术对文档进行分类、自动汇总、页面过滤、页面聚类和趋势预测。现在研究人员已经从不同的角度提出了许多有效的文本分类方法，这些方法大多是基于机器学习的方法，根据其分类原理分为线性分类器、统计学习分类器、基于实例的分类器和决策树方法、神经网络和支持向量机（SVM）方法等。

第四，信息推送服务系统。信息推送服务是基于推送技术开发的一种新型的服务，它利用推送技术实现了个性化的主动信息服务。信息推送服务可以快速找到适合用户需求的信息，确保把有用的信息提供给用户，做到了个性化信息服务，是近年来图书馆信息服务的重要发展方向。随着无线通信技术的发展，手机作为信息终端已成为现实。除了传统的WWW 和 E-mail 推送服务，移动信息推送 App 也成为当前研究的热点。

第二节　高校图书馆信息服务模式的转变与创新

一、高校图书馆信息服务模式的转变

目前，高校各项改革正在广泛而深入地进行，作为高等学校三大办学支柱之一的图书馆也应站在改革的前列，它在教学与科研中起着举足轻重的作用。因此，高校图书馆必须以全新的改革思想，转变职能，紧紧围绕学校的办学方针，改革旧的办馆模式，更好地为教学科研和广大师生服务。

（一）由封闭型服务模式向开放型服务模式转变

图书馆的主要任务是收集和保管书籍和文献。它提供的服务是封闭的、静态的和被动的。图书馆馆员主要管理图书，主要工作方式是借阅和归还。在当今网络环境下，这种封闭式的管理模式已经不能适应社会发展的新形势。因此，必须要更新观念，创建一个新的管理方式，向用户敞开大门，放弃封闭的服务理念，尽快为用户提供一系列综合服务，让用户成为图书馆的主人，以便更好地发挥自身的主动性、进取性和创造性。过去衡量一个图书馆的标准，常常把重点放在藏书的数量上，总是认为藏书的数量越多，水平越高。现在看来，藏书不仅仅是目的，而是为了开发利用。衡量一个图书馆水平的高低，关键看馆藏的图书能否得到最大限度地开发利用。利用的信息资源越广泛，所带来的社会效益和经济效益就越高。因此，高校图书馆必须充分发挥藏书丰富、设备先进、人才丰富的优势，最大限度地利用资源，保证最大程度的信息开放。例如，西北农林科技大学的图书馆为了满足计算机技术和网络技术发展的需求，及时调整观念，按照"高标准建设，加强经营管理，充分发挥功能"的思路。该图书馆在建设过程中，增加信息点的数量，改变目录室的布局，增加读者席位至2050个，电子阅览室的终端数量也从110个增加到444个，形成开架借阅与在线检索相结合的开放式服务体系，积极运用科学技术提高服务水平，追求科学精神与人文精神的和谐发展。

（二）由被动型服务模式向主动型服务模式转变

现代科学技术的高速发展和新技术革命的挑战，要求图书馆管理人员必须以积极主动的高效优质服务，配合学校的中心工作，紧紧追逐和洞察当今世界各学科领域的最新发展趋势，为学校教学科研人员及时提供准确的信息。如预测跟踪服务、联合开发科研项目、定期编印发放题录索引、举办信息发布会、主动上门为用户服务等，都是一些很好的服务形式。同时，还要密切注意掌握大学生的内在心理需求和思想动态，不断丰富、充实和调整学生的信息渠道。办好阅读指导、报告会、专题讲座、阅读倾向调查、论文征集、文艺沙龙等活动，这对及时指导帮助大学生成才起着至关重要的作用。一个现代化的图书馆必须重视对文献信息的开发和利用，注意把"死"知识变成"活"情报，使潜在的知识为读者利用，成为有价值的智力资源。因此，图书馆的工作人员应不断开拓服务的新路子，及时地把新的信息和学术研究动态主动提供给读者，不仅要做到"为人找书"，还要做到"为书找人"，有针对性地将最新资料提供给读者。

（三）从信息情报型服务模式向育人育才型服务模式转变

高等学校的图书馆工作，从根本上说是为教学和培养人才服务。发挥教育功能是图书馆的重要任务。图书馆不仅是传播知识的窗口，还是教书育人的阵地。图书馆除满足学生专业需要，当前特别要注意配合学校加强对大学生的政治思想教育，按照把德育放在学校工作首位的要求，做好文献的收集、整理、宣传、推荐、流通管理工作，举办书籍展览、讲座、报告会等，并开展多种形式的导读工作和书评活动引导读者读好书育好人。图书馆里收藏的文献是前人思想的结晶。一本好书，不仅能给予人知识的营养，还能给人注入勇往直前的精神力量。一个人伴随着知识水平的提高，对周围的是非就会有分辨能力，同时还会自觉养成一些好的品德。而人们在索取知识、利用知识的过程中，需要不断地实践、探索，这也就培养了人们的自学能力和创造能力。当人们真正走进图书馆时，把自己置身于那些古今中外的伟大心灵之中，去感受、去品味、去探索、去追求，就会不自觉地产生一种科学向上的精神，这正是时代需要的一种良好素质。在跨入 21 世纪的今天，我们需要造就一批高素质跨世纪人才。跨世纪人才不但需要有良好的知识结构，而且要有深厚的文化底蕴和创造性思维。这些都需要充分依靠、利用图书馆来实现。

（四）由内向型服务模式向外向型服务模式转变

高校图书馆普遍具有信息服务优势，这种优势实际上是一种资源优势。但是，长期以来在传统观念的支配下，高校图书馆所拥有的信息资源优势，往往仅停留在满足于为学校教学科研的内向服务上，致使许多宝贵的图书资料难以发挥应有的作用，造成很大的浪费。为此，高校图书馆必须端正认识，树立为社会主义市场经济服务的指导思想，在保证服务好校内的前提下，面向社会，实行开放式办馆，为经济建设主战场服务，从而进一步密切学校与社会的联系。随着市场经济的发展及信息时代的到来，企业对信息的需求越来越明显，因此，图书馆与企业联合就有了客观必然性，两者联合就能优势互补，共同受益。一方面，有偿服务能为图书馆带来一定的经济效益，在一定程度上缓解资金紧张的矛盾；另一方面，在当前还有一个重要的益处，就是可以借鉴企业的改革经验、经营之道，促进图书馆的体制改革。目前应在这方面进行大胆尝试，尽快走出一条图企联合的新路子。在新的历史时期，作为人类进步重要标志的图书馆，其重要性更加明显。我们一定要抓住机遇，深化改革，转变职能，加快发展，使高校图书馆担负起文献信息中心的社会重任，更好地为教学科研服务，为促进两个文明建设作出贡献。

（五）由资源单纯利用型向资源建设型转变

如今，高校图书馆花费巨资购买数字资源现象已相当普遍，文献购置中购买数字资源的比例逐年上升。国外订购的数据库也有许多类同，所以目前高校图书馆的现状是买来使用就可以，普遍存在资源单纯利用型多而资源建设型偏少的现象。如何使利用与创造资源相结合，是高校图书馆领导应高度重视的问题。高校图书馆应设计出总体方案，争取专项资金，搭建一个平台，组建一支队伍，分阶段、分目标地实现本馆的资源建设计划。

二、高校图书馆信息服务模式的创新

（一）理念的创新

图书馆要寻求信息服务的创新。首先，必须树立信息服务的强烈意识。这就要求图书馆必须革新观念、抛开传统的读者服务观，实现从传统服务观到新的信息服务观的转变，为信息服务的创新确立一个新的、更为合理的起点；其次要进一步树立创新意识。面对社会信息环境的不断发展变化、信息资源体系的变化和用户信息需求的千差万别的形势，图书馆和信息服务人员需要树立创新意识，信息服务需要相应地调整、适应，不断挖掘、开发、利用来满足信息新需求。先进的服务理念，是创新的基础。

（二）内容的创新

从图书馆服务的发展趋势来看，图书馆服务的内容亟待拓展。主要趋势是增加信息服务和便民服务的内容。在信息服务方面，要增加网上信息导航服务的内容，加大参考咨询服务的力度，努力从文献服务向知识服务转变，增加图书馆服务的知识内容。

高校图书馆只有把握读者信息需求的特点，才能充分发挥自身的资源优势，满足读者的需求。调查发现，读者的信息需求具有两个特点。一是信息需求具有全面性。在现代信息环境和科学技术条件下，读者迫切需要内容全面、种类齐全、形式多样、来源广泛的知识信息，这就要求图书馆根据读者所承担的具体任务，提供全面的知识信息。二是信息的开放性和社会化。为读者提供全面的信息需求，单靠图书馆是难以实现的，需要多个信息单位协同合作，实现信息资源共享。解决办法就是利用互联网，开展馆际交流，实现信息的电子化和网络化。高校图书馆用户需要密切关注学科动态，利用电子资源将成为用户获取信息的主要渠道。用户足不出户就可以通过图书馆提供的网络服务来满足自己的需求。

学校以学科建设为龙头，以跨学科秩序和新的增长点为发展主线。传统学科与生物、现代信息技术等高新技术领域的有机结合，推动着相应学科向智能化、自动化、基础研究方向发展，不断拓展学科领域。高校图书馆应在选择重点和特色学科的基础上，根据高校的专业设置，注重收集相关学科和专业的文献资源，逐步形成学科特色。在本专业重点学科建设、专业特色和科研发展的基础上，全面了解本专业重点学科，掌握本专业重点学科的研究与发展趋势。除此之外，还应注意加强图书馆间的合作，一是联合采购或租用共同数据库；二是网络资源库共建。例如，教育部高校文献安全系统文献信息工程建设了一批特色数据库。在图书采购资金的使用上，还应增加特色文献的采购资金，减少文娱类图书采购资金，保证形成高校图书馆特色馆藏，补充新与淘汰旧相结合。20世纪80年代，一些传统高校图书馆对馆藏图书数量的追求，有很多不适应特色化收藏的文献大量拷贝的重点学科。为了保证高校图书馆特色化收藏的有效性和新颖性，为了容纳大量高质量、有价值的重点学科特色文献，高校图书馆有必要定期开展古籍收集工作。首先，将拷贝过多、长期损坏的书刊撤下；其次，将不适合本专业、没有保存价值的过时图书撤下，腾出一些图书馆的书架容纳新书刊，提高高校图书馆特色馆藏的质量。

高校图书馆应重视非正式出版物的特色收藏，如博士、硕士学位论文，科技报告，国际、国内学术会议文献等非正式出版物。它们都具有学术价值高、参考资料广泛、论述系统等特点，是各高校图书馆独有的、不可替代的宝贵科技文献。大量的一级、二级文献经过深入处理，并通过系统地收集、分析研究、归纳整理，以综述、专题研究报告、专题总结等形式为科研、教学等单位提供文献支持。这类文献所提供的是创造性的再生信息，属于高级形式的文献信息资源的特色集合。

（三）方式的创新

高校图书馆要提供优质的知识服务，就必须建立丰富的、有特色的文献资源数据库，以满足各级用户的需求。

一是建立馆藏书目数据库。它是图书馆最基本的数据库建设，即将图书馆传统的手工书目转换为机读格式，但其文献披露更详细、更深入，并具有在线查询和馆际互借功能。

二是建立联合目录数据库。数据库是实现馆际互借和资源共享的必要工具。如果没有联合目录的"公共知识"，用户就无法获得信息资源。图书馆间的"共享"、联合目录、馆际互借、借阅有利于区域间的合作采购和文献资源保障体系的建立。

三是建立特色文献数据库。图书馆建设特色数据库可以有效地开发馆藏资源，扩大利用范围，是一种良好的服务方式。在我国，一些高校图书馆建立了自己的特色数据库，这是反映各图书馆特色、吸引读者、提高图书馆影响力的关键。如北京大学图书馆的"古籍拓片库"和"基因库"；清华大学图书馆的"科技新期刊报道数据库"；中国农业大学图书馆的"农业图书古籍图片数据库""棉花文献摘要数据库""肉牛育种专题数据库""'农业 108'玉米专题数据库"；西安交通大学图书馆的"钱学森特色数据库"；上海交通大学图书馆的"机器人信息数据库"；南京师范大学图书馆的"唐宋金元词库"等。

四是建立图书馆信息发展数据库。这是深入开展文献工作，提高文献服务水平的重要举措。如华东师范大学图书馆的"基础教育数据库"。

五是建立虚拟馆藏数据库。图书馆对资源的利用不再局限于对资源的实际占有，越来越多的信息开始来自获取，即对信息使用权的占有，如在线数据库。因此，通过 Web 站点为用户提供能够访问本地和远程数据库的集成服务是一种很有价值的服务方式。它不但极大地扩展了集合的范围，而且极大地方便了用户的检索和利用。此外，可以根据图书馆的特点和读者的需要，组织专门的团队对网上信息资源进行选择、加工和组织，通过下载和建立链接，形成方便图书馆用户使用的资源系统。这是图书馆扩大馆藏、建设数字图书馆的基础。面对海量的网络信息资源，用户一方面可以自由浏览，另一方面却很难找到自己需要的信息。图书馆应发挥网络资源利用的导航者和评估者的作用，开展多样化的新型信息服务。有效组织网络信息资源用来方便用户使用，是图书馆信息服务的新内容。许多图书馆网站上会有免费在线信息资源和按主题排列的重要站点，易于用户查询与使用并建立联系，如普林斯顿大学图书馆网站的"数字集合"。英国通过发展数字图书馆（EI，IB）项目，建立了医学、管理、工程、数学、物理等主题门户网站。由密歇根大学图书馆制作的"面向内容的互联网资源指南"也是流行的互联网信息资源的重新包装。澳大利亚农业资源网站是由澳大利亚研究理事会与大学图书馆合作开发的，为识别和传播高质量的农业研究信息资源提供了宝贵的农业信息。近年来，我国建立的专业信息导航数据库也取得了一定的成果，如交通运输部建立的交通信息导航数据库、上海医科大学建立的医疗导航数据库等。

第三节　高校图书馆信息服务与多平台融合创新

随着大数据时代的到来，网络信息资源产生了大量数据，再加上大数据复杂的结构，包括结构化数据、半结构化数据和非结构化数据，这些数据资源为信息资源的采集和整理带来了巨大困难。理论上，图书馆收集完整的信息资源是可能的，但在实践中，这是不可能的。这些无法实现的数据资源一般包括现有库集和虚拟库集。图书馆文献、图书、杂志、数据库资料、电子书刊等构成真实的图书馆馆藏资源。虚拟图书馆馆藏资源包括网络数据库、网络动态信息、在线电子出版物、在线阅读材料等。这些数据有不同的形式，来自不同的数据库。要整合这些社交网络产生的数据，必须要采用大数据技术。

随着移动互联网的发展，传统的信息服务已经不能满足用户的需求，图书馆应寻找新的突破口，提高信息服务能力。首先，图书馆要收集大量的文本、图片、音频、视频等资料，并对其进行处理，丰富馆藏资源。其次，要对网络上的信息资源进行整理，丰富其数字信息载体，以完善图书馆的服务。最后，图书馆应该通过互联网为用户提供个性化的服务，目前用得最多的是基于位置服务的信息。图书馆还可以通过移动客户端实时为用户推送最新消息，让用户及时了解图书馆信息，为人们的信息查询和跟踪带来方便。

一、建立交互式共享平台

由于受到一些社交网站的影响，图书馆逐渐开始建立网络互动平台，这样可以吸引更多的用户，并为他们提供一个表达意见的平台。图书馆可以开设互助吧、论坛、社区专栏等，用户可以通过它来完成图书管理员和用户之间以及用户与用户之间的实时交流。有了这些交流平台，图书馆可以大力培育和完善图书馆信息咨询服务，用集体智慧充实自己，从中获取更有价值的信息。同时，图书馆还可以利用这些平台进行资源整合，用户不仅可以享受资源的检索和下载，还可以上传自己的研究成果，供大家参考。这样能够拓宽学术领域，使广大科研人员发挥所长。有效的举措可以为图书馆增加更多的信息资源。当然，用户上传的信息质量参差不齐，图书馆要发挥自己的组织筛选能力，取其精华，去伪存真，最终获得可用的资源。这是大数据时代图书馆发展的方向。

传统的图书馆信息服务方式比较落后，一般的服务方式是借阅和阅览。这种方法虽然简单，但存在很大的局限性，导致用户与图书馆信息资源之间存在一定的差距。图书馆资源相对丰富，但用户借阅的图书数量却极为有限，这是传统图书馆信息服务的弊端。在图书馆开放期间，会有大量的用户。图书馆馆员的工作任务繁重，很难做到一对一服务，更无法提供优质的服务，难以满足大多数用户的需求。同时，图书馆信息资源与用户的信息需求之间总是存在着一定的距离，导致用户无法随时随地访问资源。

用户每次登录微信图书馆页面时，图书馆要主动发送问候，可以是文字、图片、语音或视频，让用户感受到图书馆的热情，感到温暖。微信图书馆馆员可以通过"附近""微信摇"寻找用户，通过微信搜索库添加微信用户积极建立分学科的微信朋友圈，主动向用户发送问候，提高用户的注意力。两者之间的友好沟通可以增强用户对图书馆的感情，从而在未来建立稳定的用户关系。图书馆馆员不仅可以使用文字进行问候，还可以使用图片、语音、视频等。也许一句简单的话就能温暖用户的心，一段微视频就能吸引用户的注意。开发主动问候语信息服务功能，可以让更多的用户加入微信图书馆平台，让微信图书馆为用户带来最满意的信息服务。图书馆可以充分利用微信推送信息的功能，让用户无须使用电脑或登录网站，就可以在第一时间收到学校最新的动态信息。用户只要关注学校的微信图书馆官方账号就可以收到推送信息。推送信息内容包括通知公告、培训讲座、精选好书、数据库试用、展览活动、音乐与影视欣赏、美文、原创系列小说、科普生活等。图书馆馆员可以根据留言、评论或主动联系用户的方式，将用户的朋友圈按学科、专业或爱好进行分类，然后根据用户的需求进行推送，让每个用户都能获得最实用、最有效的信息，避免毫无根据地推送信息。如果推送信息对用户无用或让用户感到无聊，则会降低用户对微信的关注度。在严重的情况下，用户将卸载并删除微信应用程序。

在海量的信息资源中，如何快速挖掘出用户需要的信息资源？微信图书馆的导航服务功能就能解决这些难题。导航服务功能不仅可以快速查找用户需要的图书，还可以进行在线借阅、在线续借、在线预订等业务。研究发现，当前图书馆导航服务内容单一，形式以图形为主，与用户的交互性较差。鉴于此，为了完善图书馆的服务信息内容，笔者设计了一个新的、更全面的导航服务内容系统。如下图所示。

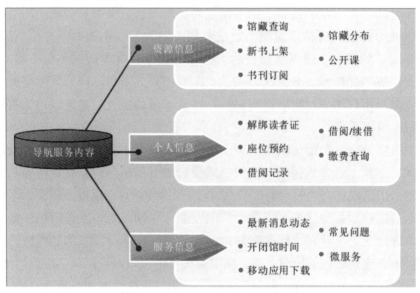

图1 图书馆导航服务内容详情

个性化推送信息，即在"信息"导航栏中设有定期订阅模块。在这里用户可以使自己订阅的信息进行"推送"，具体内容包括大众教育、科技、文史、经济、文化、军事、体育、外语、娱乐等信息。当用户订阅成功后，微信每天都会积极推送用户订阅的信息，用户就可以及时得到想要关注的信息的最新动态。个性化服务可以在导航栏的"微服务"中实现，使图书馆的服务更有特色。在日常生活中，图书馆可以通过各种方式不断获取用户的信息需求，并积极开展用户所需的一些信息服务，使图书馆的信息服务为用户而存在，也为用户的需求而变化。

图书馆可以利用微信的独特功能进行实时语音通信咨询服务，图书管理员可以实时回答用户提出的每一个问题，这种一对一的服务可以更容易使用户满意。咨询服务还可以实现详细分类服务，使图书馆的信息服务更加专业。

如今，人们使用手机传播信息，手机已经成为互联网时代的主要交流工具。微信软件积累了庞大的用户基础，数据还在不断地增加。微信平台支持语音、文字、图片、视频等，图书馆只有积极使用微信服务，将更多的人文、美学、生活方式的理念融入微信的产品中，才能满足当今用户的信息服务需求。而视频社交网络作为社交时代最新的社交方式，以视频的形式呈现给用户，能够更直观、更立体、更精确地满足用户的交流需求。作为一种新的动态的社会语言，它为人们提供了一种新的社会手段，使人们更顺畅地表达自己的观点、展示才华、分享兴趣，使社会交往变得更简单、更真实、更生动。Microvision 可以制作 8 秒的视频信息在朋友圈共享服务。用户可以在 8 秒内从不同的维度进行展示，信息量是非常大的。微视频是一种短视频，可以用文字、图片、语言等形成展示类信息，具有不可替代的优势。它可以携带一些微博和 QQ 不能携带的信息。图书馆可以充分利用微信的独特功能，对图书馆信息服务进行微视频创新。

二、信息资源组织的转变

所谓信息组织，是指信息工作者利用信息技术对数据进行收集、处理、存储、分析和应用，形成可用系统的过程。由于大数据数据结构的复杂性，排序的种类繁多，包括结构化数据和非结构化数据及半结构化数据。这些数据的处理存在一定的难度，传统的数据处理方法已不能满足大数据时代的要求，只能采取更加个性化的方式来处理这些数据。

大数据时代的图书馆信息服务与传统的有所不同，用户主要可以通过互联网将所有的图书馆信息资源集中在一起，其优点是用户可以根据自己的信息需求进行网络访问，省时省力、快捷方便，从而大大提高了图书馆信息资源的利用率。大数据时代，图书馆信息服务主要围绕着用户需求，为用户提供实时的个性化信息服务。当然，这些服务都是建立在大数据分析和处理技术的基础上的。只有分析和挖掘有价值的信息，才能满足用户的需求。与传统的信息服务模式相比，大数据时代的信息服务模式更加智能化，可以根据不同用户的需求提供一对一的网络信息服务，从而提高新型信息服务的质量和效率。目前，图书馆的信息服务模式主要有四种：站点资源服务、学科知识服务、信息可视化服务和情报服务。

三、基于 Web2.0 的图书馆信息服务创新

虽然图书馆的信息服务在发展中变得越来越完善，但仍存在一些问题。图书馆 2.0 的应用还处于起步阶段，在技术细节上还有改进的空间，信息服务的稳定性也有待提高。要在图书馆建设中使用一项新技术，需要有相应的完整蓝图，需要所有图书馆工作人员深入理解新技术的内涵及兼容现有的图书馆服务，对此，图书馆界仍在讨论。在我国图书馆界推广 Web2.0 绝非一蹴而就的。如果仅仅在图书馆服务中使用了一些Web2.0 技术，这并不是真正的图书馆 2.0。图书馆行业要想发展成为真正的图书馆 2.0，就必须将 Web2.0 的技术和概念整合融入图书馆的各个方面。无论采用何种方法，图书馆的最终目标都是通过相关技术为用户提供更高质量的服务。虽然基于 Web2.0 的图书馆的发展容易受到诸多因素的影响，但只要图书馆从业者和研究人员能够通过自身的努力制定出相应的对策来应对各种可能出现的问题，那么图书馆 2.0 的发展前景将是非常广阔的。Web2.0 的先进技术和新理念为全球互联网注入了新的力量，加速了互联网行业的不断发展。同时，Web2.0 的蓬勃发展也使图书馆行业的从业者和研究者看到了将 Web2.0 应用于图书馆信息服务、建设新型图书馆的广阔前景。客观历史条件所形成的"以图书馆为中心"的服务模式已不能适应新时代的发展。只有实施新的信息服务模式和秉持"以用户为中心"的理念，才能充分体现"读者第一"的图书馆理念。由于种种限制，这种新型信息服务模式的转型不是一朝一夕就能完成的。而通过 Web2.0 打造的先进信息技术平台，则是新用户服务理念的倡导者。如果能在图书馆信息服务建设中充分集成 Web2.0，那么它将成为加快图书馆信息服务模式转变的有效催化剂。

Web2.0 的提出虽然只有短短几年的时间，但已经出现了许多 Web2.0范畴内的思想、技术和应用，有些领域已经得到了广泛而深入的应用，有些领域则因为 Web2.0 概念的倡导而充满了新的生机和活力。图书馆行业的发展往往与最新信息技术的发展密切相关，一些新的信息技术往

往在发布后不久就以实验性的方式应用于图书馆。目前，各种 Web2.0 相关的成型技术和各种优秀的理念已经越来越被图书馆行业所接受。其中，先进的图书系统集成服务商也抓住这一机遇，大力推进图书系统集成 2.0。Web2.0 的概念强调服务提供者和用户之间的交互关系。本书将 Web2.0 引入图书馆，改善用户体验，直接反馈用户需求，将对图书馆行业的服务模式产生深远的影响。简单信息聚合和虚拟互动社区是 Web2.0 技术在图书馆中的成熟应用模式。Web2.0 时代已经到来，并且正在迅速发展，致力于图书馆信息事业发展的学者们应该抓住这一机遇，通过不懈地努力，将 Web2.0 与图书馆信息服务完美结合起来。Web2.0 的出现也是互联网的一场革命，是图书馆发展的重要机遇。

参考文献

一、专著类

[1] 程大立.全媒体环境下图书馆阅读推广工作研究 [M].合肥：安徽教育出版社，2013.

[2] 韩丽.高校图书馆学科化服务的实践发展 [M].昆明：云南大学出版社，2014.

[3] 康敬青.基于网络环境的高校图书馆信息服务体系研究 [M].北京：地质出版社，2015.

[4] 刘芳.大数据时代高校图书馆信息服务创新研究 [M].北京：光明日报出版社，2016.

[5] 邱冠华，金德政.图书馆阅读推广基础工作 [M].北京：朝华出版社，2015.

[6] 王文兵.高校图书馆学科服务研究 [M].武汉：湖北科学技术出版社，2012.

[7] 王余光.图书馆阅读推广研究 [M].北京：朝华出版社，2015.

[8] 续远凤.高校图书馆信息服务研究 [M].长春：吉林大学出版社，2015.

[9] 杨庆书.高校图书馆建设与大学生阅读推广 [M].北京：光明日报出版社，2015.

[10] 张福俊.大数据时代高校图书馆工作研究 [M].北京：中国时代经济出版社，2014.

[11] 张晖，徐红勤.高校图书馆信息服务创新研究[M].北京：清华大学出版社，2015.

[12] 赵国忠，张创军.高校图书馆社会化服务概论[M].北京：国家图书馆出版社，2016.

[13] 赵俊玲，郭腊梅，杨绍志.阅读推广：理念·方法·案例[M].北京：国家图书馆出版社，2013.

[14] 赵颖梅.阅读推广理论与实践研究[M].成都：西南交通大学出版社，2015.

二、期刊论文类

[15] 安东霞.高校图书馆数字阅读服务现状与展望探讨[J].科技视界，2018（32）：202-203.

[16] 曾馨.高校图书馆管理创新探讨[J].高校图书馆工作，2007（1）：73-75.

[17] 陈天琪.网络环境下高校图书馆管理创新研究[J].中国管理信息化，2017，20（1）：189-190.

[18] 董全中.我国高校图书馆管理创新的探讨[J].图书馆工作与研究，2007（5）：15-17.

[19] 侯志萍.新媒体阅读与高校图书馆的服务创新[J].科技视界，2018（23）：185-186.

[20] 焦彦瑞.高校图书馆建设中存在的问题与对策分析[J].山西能源学院学报，2018，31（3）：109-111.

[21] 柯平.图书馆管理文化三论[J].图书情报知识，2005（5）：23-27.

[22] 张兴旺，李晨晖.当图书馆遇上"互联网+"[J].图书与情报，2015（4）：63-70.

[23] 李招娣.信息化时代高校图书馆阅读服务探究[J].吉林农业科技学院学报，2018，27（2）：69-71，120.

[24] 刘筱月，杜文龙，毛华荣.高校图书馆阅读服务创新探究[J].内蒙古科技与经济，2018（14）：148-149.

[25] 刘遥.高校图书馆现代化服务研究[J].产业与科技论坛，2012（3）：24-27.

[26] 刘宇.高校图书馆创新服务研究[J].产业与科技论坛，2019（3）：274-275.

[27] 孟利兵，李敏.试论高校智慧图书馆建设 [J].农业图书情报学刊，2016，28（10）：34-36.

[28] 蒲莉.高校图书馆期刊阅览室管理的优化与创新 [J].科技风，2019（4）：215.

[29] 盛小平，徐引篪.基于知识管理的图书馆管理模式探索 [J].中国图书馆学报，2005（6）：18-24.

[30] 佟潇.新时代高校图书馆服务管理创新策略研究 [J].齐齐哈尔大学学报（哲学社会科学版），2018（12）：152-154.

[31] 程焕文，王蕾.21世纪高校图书馆管理的新理念 [J].大学图书馆学报，2003（2）：15-21.

[32] 王泽龙.高校数字图书馆信息安全规范化管理 [J].电子技术与软件工程，2019（3）：201.

[33] 魏群义，彭晓东.浅谈图书馆管理系统的发展趋势 [J].大学图书馆学报，2011，29（5）：38-40，108.

[34] 魏双丽.高校图书馆管理中人本管理思想的应用研究 [J].河北软件职业技术学院学报，2017，19（3）：78-80.

[35] 吴天骄.高校图书馆信息化建设研究 [J].农业图书情报学刊，2015，27（7）：119-121.

[36] 向宏华."互联网+"思维下图书馆服务创新研究 [J].图书馆工作与研究，2017（4）：5-10.

[37] 徐艳丽.高校图书馆管理创新的探讨 [J].佳木斯教育学院学报，2013（8）：188，192.

[38] 杨晓娜，肖平.高校图书馆创客空间建设研究 [J].河北科技图苑，2016，29（2）：65-67.

[39] 杨媛.网络环境下高校图书馆管理模式的创新 [J].技术与市场，2015，22（4）：88+90.

[40] 殷丹丹.信息技术在图书馆管理系统中的应用探析 [J].中国管理信息化，2019，22（3）：123-124.

[41] 谢卫，张春红.数字背景下高校图书馆管理创新的几点思考 [J].中南林业科技大学学报（社会科学版），2011，5（6）：155-156.

[42] 张晓燕.高校图书馆加强阅读推广的途径与方式[J].文化创新比较研究，2018，2（29）：143–144.

[43] 张馨文.高校图书馆移动阅读服务浅析[J].人力资源管理，2017（11）：353.

[44] 张志华.高校图书馆立体阅读服务创新模式探究[J].农业图书情报学刊，2018，30（11）：149–152.

[45] 赵明海.谈计算机技术在高校图书馆管理中的应用[J].才智，2018（33）：132–133.

[46] 郑聪.数字经济时代图书馆管理与服务创新研究[J].产业与科技论坛，2019（3）：279–280.

[47] 钟赫.互联网时代高校图书馆人力资源管理创新研究[J].现代营销（经营版），2019（1）：16.

[48] 周冉.碎片化阅读时代的高校图书馆阅读服务优化研究[J].当代教育实践与教学研究，2018（8）：162–163.

三、硕博论文类

[49] 陈晖.高校图书馆数字阅读推广评价研究[D].济南：山东大学，2017.

[50] 戴贤聪.我国高校数字图书馆建设探析[D].厦门：厦门大学，2013.

[51] 关欣.数字图书馆知识管理研究[D].长春：吉林大学，2010.

[52] 蒋逸颖.高校图书馆微信阅读推广现状及改善策略研究[D].湘潭：湘潭大学，2017.

[53] 李鄀.高校图书馆建设校园阅读文化研究[D].哈尔滨：黑龙江大学，2011.

[54] 李昆.新媒体环境下图书馆学科服务团队知识共享研究[D].长春：吉林大学，2016.

[55] 李霞.高校图书馆嵌入式学科服务的实证研究[D].太原：山西医科大学，2017.

[56] 王启云.高校数字图书馆建设评估研究[D].南京：南京农业大学，2008.

[57] 温亮明.MOOC环境下高校图书馆信息服务策略研究[D].绵阳：西南科技大学，2017.

[58] 姚立新 . 新形势下我国高校图书馆管理创新研究 [D]. 天津：天津师范大学，2004.

[59] 于晶晶 . 高校图书馆管理创新研究 [D]. 北京：对外经济贸易大学，2007.

[60] 于兴华 . 高校绿色图书馆建设研究 [D]. 秦皇岛：燕山大学，2017.

[61] 张文彬 . 高校图书馆建设探索 [D]. 广州：中山大学，2011.

[62] 郑国栋 . 高校图书馆公共信息服务研究 [D]. 泰安：山东农业大学，2017.